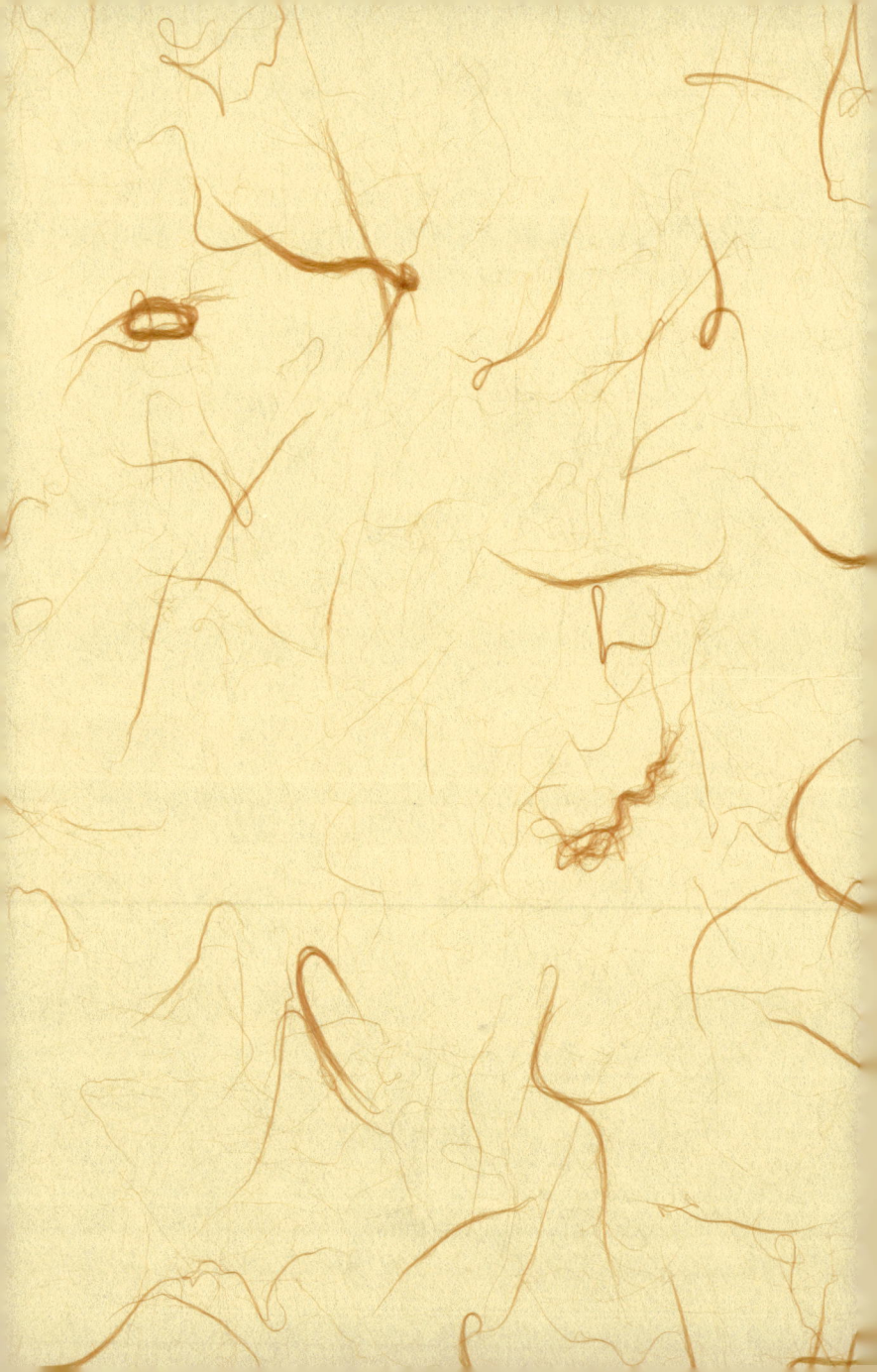

经济良思录

徐霜北　著

人民出版社

自　序

这本10万字小书来的偶然。大约一年前，寓所里与学生一壁探讨学问，一壁吃茶。我向长水君讲述学术分野而企及政策要义之变化，细分薜荔，印证大约某年月曾著小品文若干，分述经济学策论与小品文之差异。历经岁月，不得其详，多有佚失云云。高博士即劝勉结集，乐于按名索文，征集公开发诸报刊杂志之小品文。

果然集短文成册。

回想彼时谈话，先引芝加哥学派(Chicago School of Economics)为例证，曰经济自由主义，曰自由竞争机制，曰产业规制，图经济学清源正本，回归社会哲学逻辑，由是涉猎社会科学诸学科。上溯哈耶克（Friedrich August von Hayek）——其所述"自然秩序"，以个体自由构造总体政治秩序，佐之法治精神屏护众个体，即生成理想社会。

其机理仿佛"道法自然"，其政缺缺，其民淳淳。先贤老子之治理思想如今存信徒众多，实为幸甚。

顺时而下，论谈经济学治理思想演化，抛却了人类发展诸种社会形态，仍可归纳基本原理。略论明代经济为例证。没有固定汇率制，没有布雷顿森林体系，更没有"主要"国际储备货币，当然郑和输出(输入)中华帝国物资之宏伟战舰，全然没有一揽子货币作锚，他更愿意用瓷器+丝绸（红木+象牙）建立帝国贸易战舰之锚，而不愿意建立殖民地生产体系。这只是错失升级为资本主义的因素之一。空有明一朝之才俊，尽皆为海禁、朱熹理学之头箍紧紧匝住，哪得余暇考虑问题、发展经济？

至于众人争论能否使用宋朝GDP之概念，徒然穷经皓首，浪费学术资源。是否能以GDP为计量依据，从而推论中国宋朝经济体量，学问之争在于现代经济体系原理及统计依据可获得性，前者例如不存在市场经济全要素，后者比如较少资本流动和服务贸易尚未萌芽。

大概只能以整个宋朝时期贸易量为基准，折合成目现价值几何。

统计是一门科学，需要数据说话，说话只能说实话。

还谈到西汉帝国之经济情形，这与书名很有关联。

桓宽根据汉昭帝所召开的一次经济政策会议（盐铁会议）纪要撰写了《盐铁论》，细数贤良文学与御史大夫桑弘羊在经济治理思想方面之差异，虽然其目标皆为汉帝国繁荣昌盛。贤良文学们乃是一群心忧社稷的儒生，坚定不移地执行汉武帝轮台罪己诏精神。

双方就盐铁专营、酒类专卖和平准均输等问题展开辩论。贤良文学在盐铁会议上发言指出，民悫则财用足，足侈则饥寒生。开宗明义反对盐铁专营、酒类专卖、指责官府经营工商业与民争利，提出必须实现从汉武帝计划经济向汉昭帝市场经济转型，"外不障海泽以便民用，内不禁刀币以通民施"。辩论正方桑弘羊主张盐铁专营、酒类专卖、官府垄断经营工商业。

这场辩论，是市场学派与管制学派之间的交锋。

再看看地球另一边的美国，贤良文学尤同芝加哥学派——在美国中部地区喝着淡水，主张自由秩序之市场经济体系，系在野经济学家。

御史大夫桑弘羊们，乃掌握汉帝国权力之封建官僚，希望强化中央权威，集中力量办大事。譬如美国新凯恩斯主义者（New Keynesian Economics），他们在东部地区喝海水、主张政府干预、系执政经济学家。

均输、平准是汉武帝干预市场的方法，在帝国各地之间调控战略物资，官府贱时建仓贵时抛盘；限制商贾投机倒把，平抑物价；大抵与粮食流通管理体制相类似。均输、平准政策巩固了西汉政权，一度奠立帝国如磐石一般坚毅之基础。时移境迁，该政策效率低下，最终超过了成本收益分析的边际点，成本高企，阻碍了工商业发展。再往后，乏善可陈。其结果不难设想，一来二去，百姓买什么什么贵，什么贵就少消费什么。生产停滞，商业凋敝，帝国经济陷入通货紧缩。

桑弘羊们坚持国家干预经济，坚决维护盐铁官营、平准、均输政策，认为重商主义+国家垄断主义能增加国家财政收入，限制兼并掠夺，有利于民生建设。

霍光是个智者，没有对盐铁会议做出一边倒的结论。一方面，吸收贤良文学减税、放松管制政策主张，另一方面，坚持桑弘羊论点，即国家掌握战略性产业。

以史为鉴，评价霍光治理经济之思想，可称得上贤良者。

书中经济学策论与小品文，皆从国民经济良治（Good Governance）出发，希望启发经济理论和实践工作者思路，多多建言贤良之策。

市场之手，其手心是自由竞争，非充分竞争和信息不完备从来是自由竞争之手背。从长期看，国家干预经济无效。立法能不能解决此问题？政治教科书告诉我们，立法者，利益集团之政治产物也。

谁也不能解决经济效率与兼顾公平之分歧。两个政策目标经常此长彼消。经济增长首先着眼于长期均衡，但不能忽视经济政策之短期效果。激进的财政和货币政策，虽为反周期调节之猛药，用多了却会对经济体系毁损较多。增加就业，须承受通货膨胀；稳定物价，又会造成不充分就业；增加政府转移支付和保障社会福利支出，似乎矫正了分配不均，但社会福利刚性增加，结果只能是妨碍劳动生产率提高。

相机抉择的货币政策后患无穷。货币供给不能取决于货币当局相机抉择所采取的政策组合，而是取决于货币供给的经济增长体量和货币供给的一致规则。即使货币政策是内生与均衡的，经济体外仍然要有对冲之渠道。有人这样表述：使人民币成为国际储备货币，犹同江河，有源头（货币供给），更要有出水口（国际储备货币）；有河道（货币市场），更要有足够多的蓄水库（多层次和深化的资本市场）。

徐霜北

2013年12月

目录

"入世"对我国财政收支的影响及对策

加入世界贸易组织，是我国经济和社会生活中的一件大事，不仅适应了全球经济一体化的迫切要求，而且为不断完善社会主义市场经济体系提供了更好的外部环境。作为国家的重要宏观经济部门，国家财政面临的机遇和挑战倍受社会各界关注。财政收支状况的变化，直接关系到国民经济运行的走势。如何尽快完善财政职能、调整财政收支结构、制定有针对性的财政政策成为当前的一项紧迫任务。

一、加入WTO对我国财政收支情况的影响

加入WTO，对我国财政收支的影响主要体现为关税收入、出口退税、国内税收、社会保障预算和政府投资的变化。

1.关税减让与未来关税收入变化趋势

征收关税一方面可以保护国内生产和市场，另一方面可以取

得关税收入，增加国家的财力。改革开放以来，我国关税收入在整个财政收入中的比重一般都保持在4%-6%之间。加入WTO，我国所要履行的重要义务之一，就是要大幅度削减关税。从世界范围看，关税减让是一个大趋势，目前的世贸组织成员的总体平均关税水平为6%左右，其中发达国家为3%，发展中国家为10%。从我国实际看，已在这方面作了积极努力，自1992年以来，我国先后五次大规模地自主降低关税，平均进口关税水平已从43%下降到目前的17%。我国入世承诺是在2005年将关税水平降至10%，大体相当于现在发展中国家的关税平均水平。

关税减让是否会导致关税收入下降?这是需要深入研究的问题。跟踪分析我国1992年关税减让的情况，得出的总体趋势是：关税减让→税基扩大→关税收入增加。十年间，我国的关税总水平由1992年的43%，降低到2001年的15.3%，2002年进一步降至12%;进口总额不断扩大，由1992年的805.9亿美元增至2001年的2436.1亿美元;关税收入也随之增加，由212.75亿人民币增加到840.6亿人民币。这一情况表明，关税减让并不必然导致关税收入下降。关税能不能增加，关税的财政作用能否得到充分发挥，关键是取决于应税物品进口的多少。

2.出口退税的财政负担将会不断加重

出口退税是当今国际上的通行做法，是鼓励外贸出口的一个重大措施。其目的是为了不让出口国的商品包含间接税收，使出口商品以不含税的价格走向国际市场，以此达到降低出口成本和出口价格，增强出口国的国际竞争能力。

近年来，我国财政按照国家宏观政策调控要求，为了促进外贸出口增长，对出口退税政策进行了重大调整，使我国出口退税率平均水平提高很快。1998我国的平均综合出口退税率为9.52%，不足10%。1998年以后，国家连续提高出口退税率，目前平均综合出口退税率为15%左右。与此同时，国家财政负担的出口退税额也不断攀升，1998年为436.24亿元，2001年达到1080亿元。可以说，近年来我国外贸出口之所以仍能以较快的速度上升，国家出口退税政策的调整发挥了至关重要的作用。出口退税表现为冲减税收收入，是影响财政收入的一个重要因素。初步分析，加入WTO后，我国的出口退税数额仍会以较快的速度增长，国家财政的负担将会加重。

3.入世对我国不同产业部门税收的影响存在重大差异

由于加入WTO对国内各产业的影响不同，所以来自各行业的税收情况也不尽相同。目前我国劳动密集型工业部门，如纺织、服装和普通日用消费品工业，具有一定的比较优势，加入世贸组织将有利于这些工业扩大出口，国内市场的开放对这些工业部门的冲击也较小，基本上不构成威胁。据测算，在有关国家(地区)取消纺织品、服装进口配额后，我国纺织品、服装两项出口就可达700亿美元，相应地，来自该行业的税收就会有相应的增加。而一些发展层次较低的技术密集型产业，如机械行业、电子行业、汽车行业、医药行业等，以及一些对外开放程度低、国有经济比重高的产业，如石油行业、钢铁行业等，普遍面临较大冲击。如汽车工业，加入WTO后，将面临外国轿车大量涌入的巨大压力。另外，我国工业部门中的国有企业尚处于体制转轨时期，原有的历史包袱没有完全消除，还承担着一定的社会责任，加上多年来技术进步缓慢，生产率水平较低，市场竞争力相对较差。虽然近两年国有企业的效益状况有所好转，但亏损面和亏损额仍然很大。随着加入WTO之后国内市场的进一步开放，有相当一部分国有企业将受到很大的冲击，甚至很多国有企业将有被冲垮的危险。来自这些部门和行业的税收也将会有所减少。

国务院发展研究中心对我国加入WTO后有关产业部门的产出增长情况进行了定量分析。

表1 加入WTO后若干产业部门的产出变化与税收增长

（单位:亿元）

产业部门	产出增加	产出增长率(%)	税收负担率(%)	税收增加额(+)或税收减少额(−)
纺织业	3901	25.5	3.69	269.2
服装	5223	74.0	2.73	142.6
化工	950	3.8	5.10	48.5
食品	748	5.3	2.26	19.5
建筑业	331	1.2	4.20	13.9
汽车	−812	−15.1	5.19	−42.1
机械	−510	−3.1	4.85	−24.7
电子通讯设备	−438	−4.7	2.71	−11.8
冶金	−289	−1.7	4.12	−11.6
石油加工	−167	−3.5	10.24	−16.6
石油天然气开采	−116	−4.8	7.56	−8.8
电力	−84	−1.4	8.80	−7.4
煤炭采选业	−29	−1.2	−9.07	−2.6
仪器仪表	−45	−5.8	3.11	−1.4

4.财政的社会保障预算面临增支压力

从国外情况看，随着经济的发展和社会的进步，社会保障支出在财政总支出乃至整个国民经济总量中占有日益重要的地位。加入WTO将使中国的就业和收入风险更加凸显出来，由于部分产业及相当一部分国有企业将会受到程度不同的冲击，中国失业人数(包括下岗职工)增加，政府财政需要相应增加这部分失业人员的最低生活保障及再就业费用。如果因加入世贸组织而产生的失业人数按500万人、人均费用每年3000元计算，则需要财政每年拿出150亿元资金。这一新增支出因素无疑将会加重财政负担。

5.政府财政投资规模将会表现出增长态势

财政投资是财政支出的重要组成部分，也是贯彻国家宏观政策意图、促进国民经济重要产业发展的调控手段。加入世贸组织对财政支出的一个重大影响，就是必须强化政府财政投资，积极扶持国家关键性产业发展，这是关系到提高中国产业国际竞争力、促进我国经济长期稳定发展的一个重大战略问题。

二、我国加入WTO的财税应对措施

1.正确运用关税政策，维护国家经济安全和利益

WTO规则的一个基本要求，就是打破国家间的各种贸易壁垒，促进公平的世界贸易自由化。这对税收来说，首先涉及到关税问题。一是在逐步降低关税总体水平的同时，要合理调整关税税率结构。现在我国的关税平均税率已降到17%，到2005年需进一步降为10%左右。主要是努力实现关税税率由上游产品向下

游产品的合理"关税税率升级"机制。二是进一步清理和规范关税减免政策。取消不规范的减免税政策，使我国的名义关税与实际关税相接近，这是我国关税改革的基本目标之一，也是关税水平合理化的基本标志。三是整顿和治理保税区，使保税区成为真正意义上的"境内关外"，发挥其应有的功能。四是规范对加工贸易的管理。五是建立和完善反倾销税、反补贴税制。六是借鉴有关国家的做法，研究制定"紧急关税法"，为在必要时利用WTO的保障条款保护国内产业提供法律依据。

2.调整和完善出口税收政策，支持、鼓励和推动外贸出口增长

出口退税是国际上的通行做法，是提高本国产品竞争力、促进对外贸易发展、进而拉动经济增长的重要政策手段。一是用足WTO规则中允许出口退税的条款，完善增值税出口退税政策，实行全额彻底退税。二是进一步考虑扩大出口退税税种范围。我国目前出口退、免税的税种只有增值税和消费税，而依据WTO规则，退免的所称间接税，还包括销售税、执照税、营业税、印花税、特许经营税等。为了加大税收鼓励出口的力度，我们还可以把营业税等列入退税范围。三是运用税收保护稀有资源和紧缺物资。四是要逐步取消WTO规则禁止性的出口税收支持措施。

3.尽快统一内外税制，建立公平税负的竞争环境

实行统一的税收国民待遇，是WTO规则的基本要求，也是中国税制改革的重要目标。经过1994年的税制改革，我国内外

资企业虽然在流转税方面进行了统一，但在所得税、有关地方税等方面仍然实行两套税制，主要问题是对外资企业的税收优惠过多过滥，实质上构成了对国内企业的税收歧视，在一定程度上削弱了内资企业的竞争力。因此，加入WTO后，为了实现公平税负，合理竞争，增强国内企业的竞争能力，必须尽快统一内外税制，这是下一步国家财政税收政策面临的一项紧迫任务。一是统一内外资企业所得税。现在外资企业所得税虽然名义税率为33%，但由于对外资企业实行全面的税收优惠办法，外资企业所得税实际税负担相当低，一般约为7%-8%，仅相当于内资企业实际税收负担的1/3-1/4。二是逐步取消内外资企业及个人在适用其他税种方面的差异。三是逐步消除内外资企业在进口税收政策方面的不平等待遇。

4.着力强化国家重要产业和领域的财政投资，增强国民经济长远发展的后劲

研究表明，加入WTO后我国经济发展面临新的机遇和新的矛盾，我国不少产业及其国有企业将会受到很大冲击。在这种情况下，需要充分运用财政投资手段，依据国家的产业政策和宏观调控意图，对国家的重要产业和领域给予支持和投资倾斜，以提高产业的竞争能力。增强国民经济的长远发展后劲。一是适应

WTO规则的要求，强化对农业的投入。世界各国对农业都给予不同程度和范围的支持，但这也是导致国际农产品贸易不公平竞争的主要原因之一。二是采取有效措施，加大对科技进步与发展的支持力度。当今世界各国都非常重视科学技术的发展，不断调整科技政策和发展战略，促进科技事业的发展。据统计，美国的研究与开发总投资居世界首位，近年来其投资情况分别是1993年为1373亿美元，1994年为1730亿美元，1995年为1786亿美元，1996年为1843亿美元，其投资额超过日、德、法、英科技投入之和。从研究与开发总投资占GDP的比例看，一些主要工业化国家均超过了2%，如1995年美国为2.45%，日本为2.96%，德国为2.275%，法国为2.35%，英国为2.19%。三是促进国有经济发展的财政投资政策取向，主要是支持国有经济发展。

5.建立健全社会保障体系，促进社会稳定和进步

加入世贸组织后，新的国际分工和产业调整也会带来相应的失业问题。从这两方面看，今后一定时期，我国就业形势将十分严峻。为了防止下岗失业人员增加带来新的社会问题，必须建立健全社会保障体系，在这方面政府财政担负着重要职责。主要是：调整财政支出分配结构，增加财政的社会保障支出；建立国家财政社会保障预算；可考虑开征社会保障税。社会保障税在国外也称"工薪

税"。一般是以企业的工薪支付额为课税对象，用来建立社会保障基金的一种特别税，大多是由雇主和职工双方按支付额为课税对象，用来建立社会保障基金的一种特别税。大多是由雇主和职工双方按工资的一定比例各出一部分，也有只向雇主一方征收的。现在世界上将近160个国家建立了社会保障制度，其中90多个国家开征了社会保障税。在当前，尽快在我国建立和完善社会保障制度，已经日益成为建立现代企业制度、促进国有企业改革发展的一个关键环节。

6.提高财税政策的透明度、公开性和统一性

按照世贸组织的规则，各成员国包括税收在内的各项法律规章、政策、制度、措施都必须予以公布，增加透明度和可预见性，以有利于国际贸易的运行。适应加入WTO的需要，国家必须提高财税政策的透明度、公开性和统一性，这也是建立和实现中国社会主义市场经济下公共财政发展目标的必然要求。因此，今后颁布全国性的财税政策和法规时，必须采取公报申明方式，对有关政策法规的内容和管理程序做出公开说明。各地区和部门必须严格执行全国统一公布的财税政策、法规，并按国民待遇原则，在政策法规的适用性方面要实行内外一致。

本文发表于《中国行政管理》　2002年第12期

警惕财政政策空洞

2005年是我国实施积极财政政策的第五年。为了抵御亚洲金融危机的冲击和国内通货紧缩的问题，我国从1998年开始实行积极的财政政策，通过发行长期建设国债增加公共领域投资、调整收入分配政策扩大消费、支持社会保障体系建设等措施，解决国内主要经济矛盾。随着积极财政政策长期化的趋势，社会各界对财政政策的走向愈加关注，主要是积极财政政策实施以来，宏观经济的适应性如何？继续实施积极财政政策还有没有空间？随着后积极财政政策时期的到来，宏观经济将会对"淡出"产生什么反映？本文试从这几个方面阐明观点。

一、如何评价宏观经济对于积极财政政策的适应性

国内有学者指出，1998年以来，我国实施积极财政政策的消极作用大大超过了积极作用。他们以日本经济发展情况为例，

说明我国现在的经济情况是陷入债务赤字陷阱。中国实施积极财政政策的背景较为独特，存在着经济转轨的阶段性任务，所以不能简单地与成熟的市场经济国家相类比。回顾积极财政政策的决策背景，表面因由为人们所熟知的应对亚洲金融风暴，改善国民经济中出口下降、内需不足、投资增长乏力、经济增长速度回落的严峻形势。但本质上看，有其深层原因。首先，调整宏观经济政策是因应经济发展周期性的必然。改革开放以来，我国经济社会所经历的最突出的变化是计划经济体制逐步解体，市场化改革逐步深人。市场化改革矫正了原有的分配格局，使投资和消费两大需求急剧增长。受投资和消费急剧增长的影响，国民经济在快速增长的同时，周期性波动现象越来越明显。80年代以来，我国发生了4次周期性波动。1998年以来的调整算作一个周期，可以看作是第5次波动。如果把改革开放以来的周期简化计算，就会发现我国的经济周期平均为4年。轧平经济周期性波动，成为国民经济运行中的首要问题。随着市场化进程的深人，调控宏观经济的手段由改革开放之初"拉闸门"的传统模式转为90年代以来的财政和货币政策。出于反周期调节的需要，实施财政政策成为一个必然。其次，我国市场化改革路径是渐进式的，其中所隐含的对经济生活的影响是长期和持续的。影响主要体现在三个方面：转轨契约所安排的国有企业产权变革任务艰巨；长期以来计划模式下国家投资主体的冲动行为造成国民经济中的重复投资和效率低下；二元经济结构演进中城市化和工业化不足。在这三方面的作用下，国民经济中的突出问题表现为经济结构不合理、国有企业困难和银行不良贷款大量存在。至于指责不良贷款的形成与财政政策所增加的赤字有关，显然缺乏根据。相反，实施积极财政政策，是调整国民经济适应性的必然要求。即使没有发生亚洲金融危机，管理当局也需要对90年代以来宏观经济运行的不适应性进行调整和吸收。譬如1998年，积极财政政策实施之初，对四大国有商业银行注入资本金，保持银行的稳定性。随后成立的四大国有资产管理公司，剥离国有商业银行的不良资产，旨在提高银行流动性资产比率。又譬如近年来把建立和完善社会保障制度纳入了积极财政政策的框架之下。社会保障制度可以减缓经济衰退和抑制经济过度繁荣。具体到我国的实际情况，还有一层意义是剥离原体制下企业办社会的功能，提高国有企业的经济效益，减少银行不良贷款。

对宏观经济政策进行调整是渐进式经济转轨的内在要求，积极财政政策是历史的选择。1998年实施积极财政政策以来，国内生产总值每年都保持了7%以上的增长速度；1998年~2001

年，积极财政政策及其引导的各方面投资和消费，分别拉动当年国民经济增长1.5、1.7和1.8个百分点。2002年前三季度，GDP增长7.8％。实施积极财政政策，不但直接促进了经济持续、快速增长，而且增加了就业。据劳动与社会保障部的统计，20世纪90年代，我国国内生产总值每增长1％，大约可增加70万个就业岗位。按此推算，通过实施积极财政政策拉动经济增长，每年可解决150万～200万人的就业问题，极大地缓解了社会就业压力。从经济、社会的可持续发展看，实施积极的财政政策为我国打下了坚实的基础。

二、继续实施积极财政政策空间有多大

实施积极财政政策，不可避免地带来国债规模快速增长的问题：1998年的国债余额为7900多亿元，1999年和2000年分别达到10400亿元和13000多亿元，2001年更是创纪录地达到15600多亿元。我国年国债发行量也从1998年近3900亿元增加到2001年5004亿元。从技术角度分析和评价国债规模风险，通常有四项指标：国债负担率（国债余额与GDP比率.）；赤字率（赤字总额与GDP比率）；国债偿还率（当年国债到期付息额与GDP比率）；国民应债率（人均国债发行量与人均存款比率）。国际上对这些指标的限度还没有统一的认识，对前3项指标警戒线的参

考值分别是60%、3%和6%。2001年底，我国的指标分别是国债负担率16.29%，赤字率2.71%，国债偿还率0.86%，国民应债率6.78%。通过比较前3项指标，我国各项指标均处在安全区域内。仅就国债负担率进行比较，2001年底欧元区的债务负担率平均为69.1%，欧盟15国平均为63%；2002年第一季度，美国的债务负担率为57.4%。

表面上看我国的国债负担不是很重，但是考虑到我国的国债结构中有转贷地方政府的债务，以及统借自还的外债，把这些债务加总在一起计算，我国债务规模还应大一些，国债负担率达到30%左右，赤字率已超过3%。如果以国债依存度（当年国债发行量占当年财政收入的比重，表示财政收入对于国债的依赖程度）计量，2001年该指标高达29.8%，国际上认同的安全区间是20%～30%。单从指标本身分析，我国继续大量发债空间不是很大。

积极财政政策的实施空间并不仅仅限于对国债的技术分析。财政赤字和债务规模扩大，意味着宏观经济的决策风险增加。一是国债和赤字空间，由于处于较高的居民储蓄率和低利率政策支撑之下，所以没有引发通货膨胀。但是随着赤字债务化和国债规模的扩张，对通货膨胀的压力是持续的，一旦利率高涨，有带来

"滞胀"的可能性。二是国债的挤出效应在一定范围内存在。由于货币政策和财政政策不能同步，对私人部门的货币供给量没有实质性的增加，私人投资没有得到扩张。三是在计算国债带来的收益时，实际上是以一种没有贴现率的净现值收入方法计算。一方面，积极财政政策所投资的基础设施领域很难估算收益率，比如生态环境建设和在偏远地区修公路。另一方面，由于积极财政政策带来GDP增长、进而带来税收增加，很难把加强税收征管的制度性因素排除在外。所以驾驭债务和赤字的风险控制建立在预期稳定增加的年均财政收入之上，缺乏足够的证据支持。我国经济转轨的阶段性任务，还要求财政资金处理大量银行不良资产和充实社会保障缺口。所以总的判断是，政府再行发行国债的余地不是很大。

三、制度创新提高宏观经济适应性

对财政政策进行适度调整是国民经济可承受力的必然要求。财政政策虽然对经济总量扩张有帮助，但毕竟是一项短期内直接有效的宏观调控政策，五年作为实施一项财政政策的周期，在我国是一个中长期的概念。随着短期财政政策长期化，积极财政政策将会出现"空洞化"的趋势：原本以扩张为主要内容的手段淡出后，新财政政策和货币政策不足以支撑扩张政策退出所留下的真空。这种情形之下，可能结果是经济陷入"轻度衰退"或"滞胀"，前五年实施扩张性政策的成果，会因为"空洞化"而遭受损失。一方面，我国政府投资的拉动作用在GDP中占的比例过高，伴随着国债投资边际效益递减现象出现，想达到预期的经济增长指标，只能以投入更多的国债资金为代价。考虑到已开工的国债项目仍需新配套资金，国债还本付息压力会加大，如果扩张政策难以为继，后续资金也将无从落实。另一方面，国债投资注重基础设施与基础产业，主要提供公共产品和投入国有部门，与以生产社会消费品为主的民间投资的关联度较弱。在社会需求不旺条件下，较低的投资收益率制约民间投资的增长。同时，积极财政政策实施以来，实质上是恢复和强化了原有的投融资体制，政府"审批经济"在一定程度上得以复位。加上金融体制改革滞后，货币政策传导中的迟滞作用，货币政策对微观经济体发挥效力不足，难以启动总需求。

如何调整国民经济的适应性，尽快填补扩张性政策"空洞化"趋势？现在国民经济运行中出现的问题，既有总需求方面的，又有总供给方面的。除有效需求不足的矛盾仍然存在外，由于产业结构、企业组织结构、产品结构不合理和二元经济结构问题，导致了有效供给不足。有效需求不足与有效供给不足的矛盾交织在一起，共同构成了当前国民经济中出现的结构性问题。显然，扩张性财政政策长期化和空洞化，无助于解决这些问题。最根本的措施是尽快实现体制和制度创新，改善供给结构，扩大有效需求，填补积极财政政策淡出后的空洞。

实现投资体制创新。阻碍民间投资增长的原因主要是制度性的。首先要解决民间投资准入的问题。民间投资替代政府投资的先决条件是市场准入，如果政府为民间投资设置的进入壁垒过高，层层设租，就会使投资者却步。应当尽快改革社会投资审批制，实行鼓励社会投资的注册制、除了国家必须控制的产业外，所有投资领域均向社会开放。尤其是当前亟待发展的城乡基础设施建设和现代服务业，应当允许民间投资进入。其次要建立出让国有资产的良性机制，公开投资政策和规程，制定合理的出让价格和灵活的出让方式。特定的历史阶段决定了我国总需求增加的重要方面是投资领域实行"民进国退"。市场经济的本质是优化要素配置，任何一项资产的价格都要求反映其内在价值。如果仅以筹集资金为出发点，而不考虑所出售资产的优劣程度和价格是否公平，显然会抑制社会投资和需求的增长。另外，灵活的进入方式，将会激活社会资本介入。如传统的独资、合作、联营、参股、特许经营等方式。又比如引入MBO（管理者收购）方式，虽然有许多问题有待解决，仍不失为一种探索民间投资的新方式。

　　加快金融体制改革。扩张性财政政策一旦退出，宏观经济政策的着力点自然而然地转移到货币政策上来。所以应对财政政策空洞化的一个重要方面，就是提高货币政策的效率。加强财政政策与货币政策的协调十分重要。当前货币政策中出现的主要问题是货币供给量不足，信用扩张功能弱化。中小企业和广大农村贷款难，而国有商业银行基层分支机构的主要任务是吸储和收贷，金融"血脉"不畅。2002年1-5月，四家国有独资商业银行新增储蓄存款4423亿元，占全部金融机构的77%，但新增贷款2489亿元，只占金融机构的47%。金融体制对国有商业银行的信贷行为产生的影响是，信贷行为不是看市场需要，而是单纯追求"政绩"。促进社会投资，必须加快金融体制改革，增加信贷扩张能力。保持货币政策的效力，央行还要保持利率的适度水平，防止"流动性陷阱"导致货币政策失效。现行的利率已下降到改革开放以来最低水平，市场利率仅为2%，对于商业银行来说已基本相当于零利率。央行降息，不仅对减少储蓄和增加投资没有作用，而且影响了投资者对未来的收益预期。更为重要的是利率水平过低，导致调控价格水平空间缩小。

结构性调整税收政策。作为财政政策的有机组成部分，税收政策不可偏废。回顾积极财政政策的实施过程，税收政策着墨不多。原因不在于没有考虑减税政策，而是以流转税为主的税收结构本身已经决定减税意义不大。后积极财政政策时期，税收政策调控的空间很大。实行有效的税收政策，前提是调整现行税制结构。随着我国经济发展阶段的变化，所得税必将成为支配性税种。税收政策的作用基础，首先表现在所得税上。进一步改革所得税，统一内外资企业所得税，改变内外资企业税负不公平的现状；完善个人所得税，建立综合汇总征收制度，同时改革扣除标准，加大对高收入阶层的征收力度；解决目前企业所得税和个人所得税中对股息红利所得的重复课征问题，消除其对投资的抑制作用。完善所得税制度是一项长期任务，现阶段的政策重点是完善增值税制度。扩大征收增值税范围，把所有适合增值税的各类型企业行为均纳入增值税调控范围。在此基础上，由生产型增值税转为消费性增值税，允许企业固定资产扣税，以鼓励投资。

实现农村市场城镇化。农村市场发育不健全是阻碍开拓农村市场的重要原因。农村市场发育不健全，一方面导致农村购买力低，需求不足；另一方面忽视了对农村市场的有效供给，形成国内单一城市市场结构。创造农村市场有效需求、增加农民收入，要建立在开拓广大农村市场的基础上。政府应主导普遍发展小城镇战略，有计划地转移农村剩余劳动力，加速完成二元经济结构转换。以小城镇为辐射中心，改善周边农村基础设施，兴修水利、道路，加快农村电网改造，创造农村良好的消费环境，实现农村人口城镇化与农村生活城镇化。从制度上解决农村人口进城以后的居民身份问题，以保护进城农民的合法收入，保障其合法权利。同时，重视对农村市场的有效供给，研究农村市场的实际情况和发展阶段，在细分农村市场结构的基础上，采取务实的销售策略。

完善社会保障体系。无论是从宏观经济管理角度，还是从体制改革方面，都需要尽快建立完善的社会保障体系。建立完善的社会保障体系，除了加强制度建设外，重点在于筹集社会保障初始化资金。除通过增加财政投资、国有股变现等方式外，还需尽快开征社会保障税。目前社会保障资金苦乐不均现象严重，老城市，特别是老工业基地资金严重不足，而新城市和新工业基地则资金有余。通过开征社会保障税，可以解决负担不平衡、余缺不能调剂的问题。

本文发表于《资本市场》 2003年第1期

制度建设压力远大于减收增支压力：
SARS对我国财政经济的影响

　　应对疫情的当务之举是保证应收的财政收入尽入国库，进一步调整支出结构，确保为阻击"非典"提供足够的财力支持，以求共渡时艰。同时，根据疫情的发展情况及时调整财政政策，对受损行业已出台的优惠政策，要保持合理的时间限度，增加行业抗风险能力。疫情给我们的重要启示，远不止一时的对策，而是今后应有何种处理突发事件的财政机制。要做到自如应对危机，应重视财政制度层面的问题。

　　"非典"对财政产生的影响主要体现在减收和增支。虽然一季度财政收入增长较快，达到了36.5%，但4月份财政收入增速明显下滑。分税种看，目前受到冲击的是增值税、国内消费税、营业税收入；随着时间的推移，进口环节税收、企业所得税和个人所得税受到的影响将会不同程度地体现。国家财政部为防治"非典"已经出台了一些优惠政策，将会减少部分财政收入。减收主要来源于三种形式。一种是直接的税式优惠："非典"疫情发生期间个人取得的特殊临时性工作补助等所得免征个人所得税，对出租汽车司机免征个人所得税，对餐饮、住宿、民航、旅游等免征营业税、城建税、教育费附加，对部分企业减免所得税，将产生减收效应。二是费式减收：国家宣布减免部分收费和基金，相应减少财政收入。三是间接的税收支出：对国内企业和个人向"非典"防治工作的捐赠，允许在缴纳企业所得税和个人所得税前扣除，相应减少所得税税基。至于对境外捐赠的用于防治"非典"用品免征进口环节税收，则不会产生太大影响（因为预算中本没有此项安排，故不会带来影响）。

除疫区省份外，"非典"疫情对地方财政收入的影响尚不明显。其对财政收入的影响会更多地体现在以后几个月内。对财政支出的影响主要是体现在增支因素不确定和增支数额不确定。国家财政已公开宣布建立20亿元基金用于"非典"防治，其他的财政支出措施还有：对农民和城镇困难群众中的"非典"患者实行免费医疗救治；中央财政对中西部困难地区"非典"防治费用给予补助；给予一线工作人员特殊补助。

采取财政政策造成的减收和增支，已经给当年的预算安排带来压力。由于一季度财政收入情况完成较好，如果疫情上半年得到控制，相信可以完成年度预算，超20000亿的财政收入目标可望年内实现。但是2003年财政增收幅度可能会出现1994年以来首次较大幅度的下降（1994年分税制财政体制改革以来，每年财政增收额都超过千亿元人民币）。财政支出则有可能突破预算，赤字会有所增加。财政收支的进一步发展态势，主要取决于"非典"疫情的控制情况。应对疫情的当务之举是保证应收的财政收入尽入国库，进一步调整支出结构，确保为阻击"非典"提供足够的财力支持，以求共渡时艰。同时，根据疫情的发展情况及时调整财政政策，对受损行业已出台的优惠政策，要保持合理的时间限度，增加行业抗风险能力。疫情给我们的重要启示，远不止一时的对策，而是今后应有何种处理突发事件的财政机制。要做到自如应对危机，应重视财政制度层面的问题。

一、建立财政危机管理机制

从1997年亚洲金融危机到2001年美国经济衰退，从1998年我国发生特大洪灾到今年新疆地震，从我国驻南使馆遇袭到伊拉克战争爆发，都在不同程度上给我国经济发展和财政运行带来不确定因素。现代工业社会带来文明的同时，也在系统性风险的天秤上加大了砝码，危机的发生将是一个经常性变量。作为消弥突发事件对经济发展影响的首选政策，财政政策将承受更大冲击。对这一情况，要建立财政危机管理机制。构筑一个包括财政法律制度、机构框架和风险预警在内的综合性财政危机管理网络。财政法律制度为定立非常时期的财政法案提供法律支持，这样可以大大缩短事件发生后再寻求修改有关财政法律的时间；机构框架则为财政应对各种危机提供智力支持和操作流程；风险预警为评估各种突发事件对财政经济的影响提供标准，并依据不同的评价标准，对财政运行情况发布警示。较为完善的风险预警评价体系包括四个子指标体系：根据最近五年的财政收入增长率、主要税种的增长率与原预算的契合程度，以及增长趋势，建立财政收入汲取能力评价标准；根据最近五年的财政支出增长率与原预算的契合程度，以及增长趋势，建立财政支出绩效评价标准；根据财政赤字、赤字余额、赤字率及发展趋势建立赤字控制评价标准；根据国债发行量、债务余额、国民应债率、国债负担率、国债偿还率及发展趋势建立国债控制评价标准。对四个指标体系进行综合后，把财政运行的不同状态分为若干安全级别进行甄别，比如红灯、黄灯和绿灯，采取不同的财政政策。

二、重视发挥公共财政的作用

公共财政是基于保障公共产品需求的制度安排，但并非任何财政支出需求都是公共概念。尤其应澄清三个误区：首先是把突破预算的财政支出归咎为公共性需求。财政预算是经过人民代表大会审批的严肃法案，已经体现了公众的选择。在未征得全国人民代表大会或其常委会批准之前，预算案不能变通执行。尤其要杜绝乱开用于防治"非典"支出的口子，严防假借"非典"之名而行乱花钱之实。其次是中央对地方的转移支付上不封顶。中央对地方的转移支付要依据疫情的严重程度裁定。转移支付还应充分考虑由于"非典"而影响到其他公共开支的可能性。再次是发行公共卫生国债。疫情的发生，显示出我国公共卫生方面建设滞后。有人提出发行公共卫生国债，用于防治"非典"和建立公共卫生服务体系。这是个短视的观点。据此逻辑，哪方面建设滞后，就要发相应的国债。我国是个发展中国家，待发展的事业非常之多，各个部门都可以发债，长此以往，不啻饮鸩止渴。我国实施以增发国债为主要内容的积极财政政策以来，已经在实质上恢复和强化了原有的投融资体制，政府"审批经济"在一定程度上得以复位。如果再发行另类国债，结果只能使经济偏离良性轨道越来越远——我们已经看到在阿根廷发生的悲剧。1998年以来，我国财政赤字和国债发行量持续攀升，财政运行安全问题凸显，2002财政年度我国的国债余额已经超过18000亿，再发行国债空间已经十分有限。不主张发行卫生国债并不是反对公共卫生体系建设。既然是公共财政支出，就要体现国债安排的公共性，既不能热衷搞竞争性国债项目审批，也不能把钱大把地撒在没有社会效益的超前基础设施项目上，而应当采取务实的策略，通过调整现行国债结构的方式安排公共卫生投资。同时，对公共卫生体系建设所需支出，还可以通过调整财政支出结构，在经常性支出项目中予以安排，弥补公共卫生的欠帐。

三、提高财政透明度

"非典"疫情没有得到及时控制，一个重要原因是信息不透明。财政透明度不高，将导致财政支出效率低下，应付危机的能力削弱。国际货币基金组织在《财政透明度良好做法守则——原则宣言》中指出，"优良政府管理对于实现宏观经济稳定和高质量增长具有重要的意义，而财政透明度又是优良政府管理的一个关键方面。"借此疫情，举一反三，适度提高我国财政管理的透明度，也将是有益之举。从澄清政府部门的职责入手，完善财政内部控制制度，披露预算编制、执行过程，提供财政政策的目标及实现程度，降低公众获取财政信息的困难程度。

四、注重财政科学管理，推进财政改革

财政是一门社会科学，有其规律性。所以财政管理中，要减少人为操纵的因素，按照其固有的规律办事。否则，很难保证不会出现问题。政府应利用处理突发事件的有利时机，继续深化"收支两条线"管理改革、国库集中收付制度改革、部门预算改革、政府采购制度等公共财政管理改革，规范财政资金运行的全过程，将公平、公正、公开的科学管理原则，贯彻到财政资金运行的各个环节。

本文发表于《中国经济时报》　2003年5月30日

加强公共财政收入体系建设

公共财政是市场经济条件下财政的一种具体运行模式。为了保证公共财政职能的实现，仅仅强调建立公共财政的支出框架是远远不够的，必须重视公共财政收入体系建设。税收在我国财政收入中占的比重最大。1994年分税制财税体制改革后确立的工商税制基本上反映了市场经济发展方向。但是要与较为完善的公共财政体系相匹配，还应从增强对公共财政改革适应性的角度完善现在的工商税制。

首先是实行综合性的个人所得税制。从最近5年的税种收入增长情况看，我国市场经济的发展，最终会使所得税成为主体税收。从个人所得税的发展历程看，这一趋势已越来越明显。目前，我国只对工薪阶层实行超额累进的所得税，而不对那些私营企业主等高收入群体实行累进所得税。不仅导致了税收流失，不利于增强财政收入汲取能力，而且会使财政的收入分配功能弱化。建立综合性的个人所得税制度是完善个人所得税的趋势。针对劳务报酬、稿酬、财产租赁、特许权使用费所得等易存在普遍偷逃税的领域，应扩大综合所得的项目，将工资、薪金、劳务报酬、财产租赁、经营所得等经常性所得，合并为综合所得，采用统一的超额累进税率，实行综合征收，并适度提升高收入者的适用税率，加大对高收入者的调控力度。目前限制我国个人所得税发展的技术障碍主要是税收信息系统不能覆盖所有的经济活动，这虽然也是其他税种存在的问题，但对于个人所得税来说更为重要。建立能够全面反映个人收入和大额支付的信息处理系统，尽可能地扩大系统的覆盖面是应长期关注的工作。

其次是协同推进农村税费改革。税费改革的"重头戏"是农村税费改革。公共财政所倡导的服务均等化原则和收入中性的原则，在农村税费改革中体现得非常明显。最近3年农村税费改革试点过程中主要暴露出两类问题。一类是操作性问题，比如调整农业税计税土地面积不合理，没有据实核定到农户；核定的农业税计税常年产量偏高；农业特产税按土地面积分摊而不据实征收；加重农民负担的"口子"未扎死。这些看似操作不力的现象虽不乏部分县乡政府的利益动机，但在本质上反映了基层政府财政保障能力不足。另一类是农村税费改革的协同性问题，比如撤乡并村、乡镇机构改革等配套改革滞后，报刊摊派依然严重，缺乏稳定的农村义务教育投入机制。协同理论所讨论的问题是，农村税费改革的木桶究竟能盛多少水，将取决于构成水桶的最短那块木条。为确保农村税费改革的顺利进行并取得预期成效，还必须采取进一步的措施，加强对试点地区改革工作的指导和督查，推进乡镇机构改革、农村教育管理体制改革与相关配套改革，建立健全农民负担监督管理机制，加大对改革地区的转移支付力度。

最后是以国民待遇原则统一税收制度。统一税制的思路是按照WTO规则，遵循直接减免为主向间接扶持转变、区域优惠向产业优惠转变、打破现行按经济类型建立的税收优惠以及调整外资企业"超国民待遇"的税收优惠原则，清理、规范现行的税收优惠政策，着力减少具有专项审批、临时、特案减免性质的税收优惠待遇。统一税制的重点是内外资企业的税收政策。此外，在条件成熟时还应该改生产型增值税为消费型增值税，以公平分配原则开征遗产税等。

本文发表于《人民日报》　2003年7月28日

提高财政政策效率增强宏观经济适应性

　　我国已经连续五年实施了积极财政政策。为了抵御亚洲金融危机的冲击和国内通货紧缩的问题，我国从1998年开始实行积极的财政政策，通过发行长期建设国债增加公共领域投资、调整收入分配政策扩大消费、支持社会保障体系建设等措施，解决国内主要经济矛盾。随着积极财政政策长期化的趋势，社会各界对财政政策的走向愈加关注，主要体现为积极财政政策实施以来，宏观经济的适应性如何？继续实施积极财政政策还有没有空间？随着后积极财政政策时期的到来，宏观经济将会对"淡出"产生什么反映？本文试从这几个方面阐明观点。

一、如何评价宏观经济对于积极财政政策的适应性

　　国内有学者指出，1998年以来，我国实施积极财政政策的消极作用大大超过了积极作用。他们以日本经济发展情况为例，

说明我国现在的经济情况是陷入债务赤字陷阱。中国实施积极财政政策的背景较为独特，存在着经济转轨的阶段性任务，所以不能简单地与成熟的市场经济国家相类比。回顾积极财政政策的决策背景，表面因由为人们所熟知：应对亚洲金融风暴，改善国民经济中出口下降、内需不足、投资增长乏力、经济增长速度回落的严峻形势。但本质上看，有其深层原因。首先，调整宏观经济政策是因应经济发展周期性的必然。改革开放以来，我国经济社会所经历的最突出的变化是计划经济体制逐步解体，市场化改革逐步深入。市场化改革矫正了原有的分配格局，使投资和消费两大需求急剧增长。受投资和消费急剧增长的影响，国民经济在快速增长的同时，周期性波动现象越来越明显。80年代以来，我国发生了4次周期性波动。1998年以来的调整算作一个周期，可以看作第5次波动。如果把改革开放以来的周期简化计算，就会发现我国的经济周期平均为4年。轧平经济周期性波动，成为国民经济运行中的首要问题。随着市场化进程的深入，调控宏观经济的手段由改革开放之初"拉闸门"的传统模式转为90年代以来的财政和货币政策。出于反周期调节的需要，实施财政政策成为一个必然。其次，我国市场化改革路径是渐进式的，其中所隐含对经济生活的影响是长期和持续的。影响主要体现在三个方面：契约安排中国有企业产权形式的变革任务艰巨；长期以来计划模式下国家投资主体的冲动行为造成国民经济中的重复投资和效率低下；二元经济结构演进中城市化和工业化不足。在这三方面的作用下，国民经济中的突出问题表现为经济结构不合理、国有企业困难和银行不良贷款大量存在。至于指责不良贷款的形成与财政政策所增加的赤字有关，显然缺乏根据。相反，实施积极财政政策，是调整国民经济适应性的必然要求。即使没有发生亚洲金融危机，管理当局也需要对90年代以来宏观经济运行的不适应性进行调整和吸收。譬如1998年，积极财政政策实施之初，对四大国有商业银行注入资本金，保持银行的稳定性。随后成立的四大国有资产管理公司，剥离国有商业银行的不良资产，旨在提高银行流动性资产比率。又譬如近年来把建立和完善社会保障制度纳入了积极财政政策的框架之下。社会保障制度可以减缓经济衰退和抑制经济过度繁荣。具体到我国的实际情况，还有一层意义是剥离原体制下企业办社会的功能，提高国有企业的经济效益，减少银行不良贷款。

对宏观经济政策进行调整是渐进式经济转轨的内在要求，积极财政政策是历史的选择。1998年实施积极财政政策以来，国内生产总值每年都保持了7%以上的增长速度；1998年～2002

年，积极财政政策及其引导的各方面投资和消费，分别拉动当年国民经济增长1.5、2、1.7、1.8和2.0个百分点。实施积极财政政策，不但直接促进了经济持续、快速增长，而且增加了就业。据劳动与社会保障部的统计，20世纪90年代，我国国内生产总值每增长1%，大约可增加70万个就业岗位。按此推算，通过实施积极财政政策拉动经济增长，每年可解决150-200万人的就业问题，极大地缓解了社会就业压力。从经济、社会的可持续发展看，实施积极的财政政策为我国打下了坚实的基础。

二、继续实施积极财政政策的空间有多大

实施积极财政政策，不可避免地带来国债规模快速增长的问题：1998年的国债余额为7945.57亿元，经过五年大量发行国债，到2002年底，国债余额猛增至18706亿元，比实行积极财政政策的前一财政年度（1997）增长了3倍，这个数字创新中国历史记录。我国年国债发行量也从1998年3808.77亿元增加到2002年5679亿元。从技术角度分析和评价国债规模给宏观经济运行带来的风险，通常有四项指标：国债负担率（国债余额与GDP比率）；赤字率（赤字总额与GDP比率）；国债偿还率（当年国债到期付息额与GDP比率）；国民应债率（人均国债发行量与人均存款比率）。国际上对这些指标的限度还没有统一的认识，欧盟

趋同标准对前3项指标警戒线的参考值分别是60%、3%和6%。2002年财政年度，我国的指标分别是：国债负担率18.27%，赤字率3%，国债偿还率2.52%。通过比较前3项指标，我国各项指标均处在安全区域内。仅就国债负担率进行比较，2001年底欧元区的债务负担率平均为69.1%，欧盟15国平均为63.0%；2002年第一季度，美国的债务负担率为57.4%。表面上看我国的国债负担不是很重，但是考虑到我国的国债结构中有转贷地方政府的债务，以及统借自还的外债，把这些债务加总在一起计算，我国债务规模还应大一些，国债负担率达到30%左右，赤字率已超过3%。进一步以国债依存度（当年国债发行量占当年财政收入的比重，表示财政收入对于国债的依赖程度）计量，1999年该指标达到建国以来的峰值68.64%。虽然此后有所回落，2000-2002分别为66.63%、56.90%、54.66%，但理论上可以作出这样的解释：中央财政的支出额中，约为一半的支出来自债务收入。我国《预算法》规定，只有中央政府才有权利代表国家发行国债。相对于财政联邦主义，制度上增加了中央政府的财政风险。一个简单的结论似乎是：单从指标本身分析，宏观经济的安全运行所要的发债空间不是很大。

积极财政政策的实施空间并不仅仅限于对国债的技术分析。

财政赤字和债务规模扩大，意味着宏观经济的决策风险增加。一是国债和赤字空间，由于处于较高的居民储蓄率和低利率政策支撑之下，所以没有引发通货膨胀。但是随着赤字债务化和国债规模的扩张，对通货膨胀的压力是持续的，一旦利率高涨，有带来"滞胀"的可能性。二是国债的挤出效应在一定范围内存在。由于货币政策和财政政策不能同步，对私人部门的货币供给量没有实质性的增加，私人投资没有得到扩张。三是在计算国债带来的收益时，实际上是以一种没有贴现率的净现值收入方法计算：一方面，积极财政政策所投资的基础设施领域很难估算收益率，比如生态环境建设和在偏远地区修公路；另一方面，由于积极财政政策带来GDP增长、进而带来的税收增加，很难把加强税收征管的制度性因素排除在外。所以驾驭债务和赤字的风险控制建立在预期稳定增加的年均财政收入之上，缺乏足够的证据支持。我国经济转轨的阶段性任务，还要求财政资金处理大量银行不良资产和充实社会保障缺口。所以总的判断是，政府在保持现行财政政策力度的同时，应注意控制国债的余额。

三、警惕财政政策空洞化，以制度创新提高宏观经济适应性

对财政政策进行适度调整是国民经济可承受力的必然要求。

财政政策虽然对经济总量扩张有帮助，但毕竟是一项短期内直接有效的宏观调控政策。五年作为实施一项财政政策的周期，在我国是一个中长期的概念。随着短期财政政策长期化，积极财政政策将会出现"空洞化"的趋势：原本以扩张为主要内容的手段淡出后，新财政政策和货币政策不足以支撑扩张政策退出所留下的真空。这种情形之下，可能结果是经济陷入"轻度衰退"或"滞胀"，前五年实施扩张性政策的成果，会因为"空洞化"而遭受损失。一方面，我国政府投资的拉动作用在GDP中占的比例过高，伴随着国债投资边际效益递减现象出现，想达到预期的经济增长指标，只能以投入更多的国债资金为代价。考虑到已开工的国债项目仍需新配套资金，国债还本付息压力会加大，如果扩张政策难以为继，后续资金也将无从落实。另一方面，国债投资注重基础设施与基础产业，主要提供公共产品和投入国有部门，与以生产社会消费品为主的民间投资的关联度较弱。在社会需求不旺条件下，较低的投资收益率制约民间投资的增长。同时，积极财政政策实施以来，实质上是恢复和强化了原有的投融资体制，政府"审批经济"在一定程度上得以复位。加上金融体制改革滞后，货币政策传导中的时滞作用，货币政策对微观经济体发挥效力不足，难以启动总需求。

如何调整国民经济的适应性，尽快填补扩张性政策"空洞化"趋势？现在国民经济运行中出现的问题，既有总需求方面的，又有总供给方面的。除有效需求不足的矛盾仍然存在外，由于产业结构、企业组织结构、产品结构不合理和二元经济结构问题，导致了有效供给不足。有效需求不足与有效供给不足的矛盾交织在一起，共同构成了当前国民经济中出现的结构性问题。显然，扩张性财政政策长期化和空洞化，无助于解决这些问题。最根本的措施是尽快实现体制和制度创新，改善供给结构，扩大有效需求，填补积极财政政策淡出后的空洞。

实现投资体制创新。阻碍民间投资增长的原因主要是制度性的。首先要解决民间投资准入的问题。民间投资替代政府投资的先决条件是市场准入，如果政府为民间投资设置的进入壁垒过高，层层设租，就会使投资者却步。应当尽快改革社会投资审批制，实行鼓励社会投资的注册制。除了国家必须控制的产业外，所有投资领域均向社会开放。尤其是当前亟待发展的城乡基础设施建设和现代服务业，应当允许民间投资进入。其次要建立出让国有资产的良性机制，公开投资政策和规程，制定合理的出让价格和灵活的出让方式。特定的历史阶段决定了我国总需求增加的重要方面是投资领域实行"民进国退"。市场经济的本质是优化要素配置，任何一项资产的价格都要求反映其内在价值。如果仅以筹集资金为出发点，而不考虑所出售资产的优劣程度和价格是否公平，显然会抑制社会投资和需求的增长。另外，灵活的进入方式，将会激活社会资本介入。如传统的独资、合作、联营、参股、特许经营等方式；又比如引入MBO（管理者收购）方式，虽然有许多问题有待解决，仍不失为一种探索民间投资的新方式。

加快金融体制改革。扩张性财政政策一旦退出，宏观经济政策的着力点自然而然地转移到货币政策上来。所以应对财政政策空洞化的一个重要方面，就是提高货币政策的效率。加强财政政策与货币政策的协调十分重要。当前货币政策中出现的主要问题是货币供给量不足，信用扩张功能弱化。中小企业和广大农村贷款难，而国有商业银行基层分支机构的主要任务是吸储和收贷，金融"血脉"不畅。金融体制对国有商业银行的信贷行为产生的影响是，信贷行为不是看市场需要，而是单纯追求"政绩"。促进社会投资，必须加快金融体制改革，增加信贷扩张能力。保持货币政策的效力，央行还要保持利率的适度水平，防止"流动性陷阱"导致货币政策失效。现行的利率已下降到改革开放以来最低水平，市场利率仅2%，对于商业银行来说已基本相当于零利率。央行降息，不仅对减少储蓄和增加投资没有作用，而且影响了投资者对未来的收益预期。更为重要的是，利率水平过低，导致调控价格水平空间缩小。

结构性调整税收政策。作为财政政策的有机组成部分，税收政策不可偏废。回顾积极财政政策的实施过程，税收政策着墨不多。原因不在于没有考虑减税政策，而是以流转税为主的税收结构本身已经决定减税意义不大。后积极财政政策时期，税收政策调控的空间很大。实行有效的税收政策，前提是调整现行税制结构。随着我国经济发展阶段的变化，所得税必将成为支配性税种。税收政策的作用基础，首先表现在所得税上。进一步改革所得税，统一内外资企业所得税，解决内外资企业税负不公平的现状；完善个人所得税，建立综合汇总征收制度，同时改革扣除标准，加大对高收入阶层的征收力度；解决目前企业所得税和个人所得税中对股息红利所得的重复课征问题，消除其对投资的抑制作用。完善所得税制度是一项长期任务，现阶段的政策重点是完善增值税制度。扩大征收增值税范围，把所有适合增值税的各类型企业行为均纳入增值税调控范围。在此基础上，由从生产型增值税转为消费性增值税，允许企业固定资产扣税，以鼓励投资。

实现农村市场城镇化。农村市场发育不健全是阻碍开拓农村市场的重要原因。农村市场发育不健全，一方面导致农村购买力低，需求不足；另一方面忽视了对农村市场的有效供给，形成国内单一城市市场结构。创造农村市场有效需求、增加农民收入，要建立在开拓广大农村市场的基础上。政府应主导普遍发展小城镇战略，有计划地转移农村剩余劳动力，加速完成二元经济结构转换。以小城镇为辐射中心，改善周边农村基础设施，兴修水利、道路、加快农村电网改造，创造农村良好的消费环境，实现农村人口城镇化与农村生活城镇化。从制度上解决农村人口进城以后的居民身份问题，以保护进城农民的合法收入，保障其合法权利。同时，重视对农村市场的有效供给，研究农村市场的实际情况和发展阶段，在细分农村市场结构的基础上，采取务实的销售策略。

完善社会保障体系。无论是从宏观经济管理角度，还是从体制改革方面，都需要尽快建立完善的社会保障体系。建立完善的社会保障体系，除了加强制度建设外，重点在于筹集社会保障初始化资金。除通过增加财政投资、国有股变现等方式外，还需尽快开征社会保障税。目前社会保障资金苦乐不均现象严重，老城市，特别是老工业基地资金严重不足，而新城市和新工业基地则资金有余。通过开征社会保障税，可以解决负担不平衡，余缺不能调剂的问题。

本文发表于新华网　2003年7月31日

出口退税的办法该改一改了

最近一个时期，对出口产品的拖欠退税问题引发了社会各界的广泛争论。企业、政府、媒体各执一辞。我国出口退税究竟发生了哪些问题，其症结在何处？

一、新欠与陈欠并存

对出口产品实行退税是增强一个国家和地区出口产品国际竞争力的重要手段，也是WTO成员所广泛采用的做法。我国自1985年开始实施的此项制度，因近年来外贸出口快速增长而出现了退税资金大幅度增加的情况。根据现行税法和财政体制规定，我国出口退税的内容是消费税和增值税，退税主体是增值税；平均出口退税率约为15%，出口退税所需资金全部由中央财政负担。据国家税务总局统计，1999年出口应退税额为837亿元，2002年达到2119亿元，年均增长36.3%。与此同时，中央财政收入年均增长只有21.1%。由于中央财政无力安排全部出口退税资金，从2000年起开始出现欠退税，当年年底988亿元，到2002年年底增加到近2477亿元，其中，欠企业近1700亿元。

今年1—5月份我国出口总额增长34%。虽受非典影响，后几个月出口增长可能下降，但预计全年增长仍会超25%。按此测算全年需退税2600亿元左右。事实上，财政部在人代会上所作的预算报告中指出，该年度中央财政预算安排的出口退税指标为1150亿元，该指标加上2002年结转的退税指标，当年所需退税资金与退税指标之间的差额高达1300多亿元。大量拖欠出口退税则可能会阻碍这一进程，对经济增长造成不良后果。

二、拖欠退税症结何在

为什么出口退税出现了如此之大的缺口？主要原因在于我国的税制结构。世界上发达市场经济国家的财政收入，一般以所得税为主，流转税为辅。我国财政收入（主要是税收收入）以流转税为主，所得税为辅，流转税中又以增值税为主。2002年我国增值税占中央财政收入的44.6%。由于出口退的是增值税和消费税，而这两种流转税是我国财政收入的主体。实行出口产品零税率，实际上拿走了财政收入的相当份额。以流转税为主体的税制结构，决定了出口退税数额一大，就使财政难以承受。

我国外贸发展战略导向与出口退税管理模式，也导致了出口退税拖欠。长期以来，我国外贸发展战略一直是单一的数量扩张型，出口越多越好，外汇储备越多越好，贸易顺差越多越好。这种发展路径带来的负面效果是出口企业产品低价竞争。我国的出口退税管理模式存在一些漏洞。以增值税征收为例，名义税率虽有17%，但实际上各地都存在一些"自主的"优惠政策，使实际税率远低于名义税率。再加上偷、逃、漏、骗税等情况，增值税征收不能做到应收尽收。初步估计，我国流转税实际征收额只能收到14%至15%，然而退税率全额计算，给中央财政带来的压力可想而知。增值税是中央与地方共享税种，而退税却是中央全部负担，给中央财政造成了巨大压力。拖欠出口退税再一次使廓清中央与地方财政分权关系的问题引起人们的关注。

三、解决问题的三种思路

摆脱出口退税的尴尬局面，初步考虑可从三种思路着手。

思路之一：降低出口退税率。目前平均15%的出口退税率显得过高，可考虑将出口退税率平均下调4—6个百分点，对部分非重要的出口产品取消出口退税。短期内，降低退税率会对我国出口产生一些冲击。长期看劳动力成本相对较低的优势仍会使出口产品在国际市场上有较强的竞争力。当前，我国对外贸易中的廉价商品易引起一系列的贸易磨擦，也使一些国家以此为由对我国出口产品实行反倾销。降低出口退税率后，不但会改善这一状况，而且会促进企业进一步降低产品成本，增加在国际市场上的竞争力。宏观上，适当降低退税率，也有利于缓解人民币升值压力。

思路二：中央与地方共同负担。从廓清中央与地方财政分权关系的角度看，这种办法极具合理之处，但可能会遭受来自地方财政的压力。在我国目前的财政体制框架之下，增值税实行中央与地方共享，而增值税出口退税由中央财政全额负担。要减轻中央财政的负担，出口退税可适当由地方分担。这个方法应主要考虑分担基数与比例的设定。关于出口退税基数设定，可以比照2001年所得税分享改革，以改革前的某一年为基数，增加一个合理增长比例来确定（例如2004年改革出口退税，可以2002年为基数，乘上一个2003年的合理增长百分比）。至于分别负担的比例，应体现受益与负担相一致的原则：增值税超收分成的比例是中央财政75％，地方财政25％，出口退税的增长部分也应按此标准执行。出口退税主要发生在沿海地区，如采取这种办法，可能会对东部地区产生一些影响。

思路三：出口退税分类管理。对出口实行代理制是我国外贸体制改革的方向。应该按照这一总体发展思路，区分流通型出口企业和生产型出口企业，进行不同的退税管理。出口退税管理应体现向生产型企业倾斜，并据实退税；对流通型外贸企业的出口退税设定一个总体数量控制，并体现出逐年减少的政策意图，直至完全取消，以促使其向代理制转换。

但是，也要指出，彻底解决出口退税问题，需要从根本上实现两个转变：一是税收收入结构实现由流转税为主体向所得税为主体的转变；二是实现外贸出口由数量型向质量型转变。这两个转变实现不了，再完善的技术性操作都将是治标之举。

本文发表于《经济日报》 2003年9月26日

入世之后看农业

今年6月11日，我国加入WTO已届一年半。与入世前社会各届的种种担忧形成较大反差，入世头年我国农业贸易和风细雨、波澜不惊。不但农产品净出口国地位没变，而且农产品出口承接了2001年以来持续增长的好势头。大宗农产品的进口不增反减，玉米、大米、大麦、油料进口都有了不同程度的下降，而粮食出口则有了大幅增加。欣喜之余，应当认识到毕竟我国入世仅一年半的时间，入世的长期效应还未完全显现。而入世后最大的隐忧是我国农产品在国际市场上的竞争力不足，来自WTO成员中粮食大国的竞争力将是长期和持久的。

一、农产品的国际竞争力不足：加入WTO后我国农业面临的长期主要矛盾

入世头年农业所受冲击虽没有达到预计程度，但冲击的范围

和程度将随时间推移而逐步显现。一个国家的农业发展水平，主要可以通过三个指标体现：农业产业化水平、农业生产效率和农产品的国际竞争力。其中，农产品的国际竞争力是农业发展水平的终极体现形式。我国的农业化水平较低，主要体现在农业经营规模小而分散，缺乏统一集中的营销管理，不利于产品销售和占领市场。产业化水平决定了生产效率。我国广大农村的家庭隧道责任承包制，虽然在相当长的一段时间内极大地促进了农村经济的发展，但是受到产业化发展水平的限制，这种组织形式带来的农业生产率增长一直徘徊不前。小规模的农户经营，不利于采用先进的农业生产技术，很难推广规模化生产的农业生产工具，造成农业生产资料的重复投资，在一定程度上抬高了产品成本，反过来又妨碍了发展农业产业化、规模化、专业化经营战略。农业产业化不足和生产效率低，消弱了农产品的国际竞争力。由于农产品总体质量不高，与国际市场的要求相比，许多产品不符合进口国的质量标准，影响了产品的国际竞争力。

改革开放20多年来，我国市场经济体制不断发展并完善。政府支持和管理农业的水平虽得到很大提高，但是许多地区遗留的管制行为仍然严重。在调研中我们观察到，有的基层政府在制定炒股票发展规划时仍采取规定农作物种类、种植面积，规定养殖品种、数量的方法，这不仅导致资源误配、贸易扭曲，而且极不利于农业生产者按照市场经济要求作出产品结构选择。国内农业生产中不同行业、不同地区之间存在相当程度的封锁和进入壁垒，对外贸易中则缺乏行业自律组织，往往无序经营，降低了农产品竞争力。为了支持和保护国内农业，我国过去主要采取进口粮食配额制、进口许可证管理制等非关税壁垒措施。入世承诺中，我国虽争取到主要农产品配额管理的一定缓冲期，但是这种缓冲毕竟是有限的，在下一轮谈判中很难保证再有这样的配额结果。虽然目前国内主要粮食产品供过于求，但是由于农产品的成本和价格还不能在国际市场上取得绝对优势地位，易产生"谷贱伤农"的效应，粮食产量的安全问题应引起足够重视。国内许多粮食生产省份都出现了不同程度的"撂荒"现象。如果从农业生产构成要素和农业积累程度分析，我国主要农产品多为土地密集型产品，由于生产成本高于国际市场，抛除短期对我国有利影响因素看（如配额滞后影响、粮食主产国歉收），对外开放市场和扩大进口数量后将会受到国外低价农产品的冲击，农民收入增长困难是一个现实的问题，这也将直接影响农业的积累水平。在经过我国加入世贸组织的过渡期后的几年内，农民收入增长会处于一个徘徊阶段。由此带来的连锁反应是国内粮食生产的减少和影响农民就业，对于后者来说，是与我国二元经济结构息息相关的，并不是单纯由加入世贸组织而引发的。

二、审慎看待短期内的入世效应：关注关税配额影响的长期性

一年来我国入世承诺的实际兑现情况如何？根据世界贸易组织《农业协议》的要求及与其它成员的谈判，我国所作的承诺主要体现在关税减让与关税配额、出口补贴、国内支持等方面。其中，关税配额的影响至关重要。

1.关税减让影响平稳，关税配额波澜不惊。我国承诺到过渡期末（2004年），农产品进口关税总水平要降到15.8%；2008年降到15.1%。关税减让的直接结果是增加进口产品的竞争力。虽然不同产品进口关税的降低幅度有所不同，但是总体来看，关税减让导致的进口增加有限。对于粮食等大宗农产品，我国主要以进口配额制进行管理，相比较而言，关税方法管制是次要的。较大幅度降低关税水平的农产品，大多数是我国具有价格优势的劳动密集型产品，进口农产品价格仍高于我国的同类产品。进口关税下降后，真正担心的问题在于进口品的质量优势，未来可能出现的情况是即使进口品的价格高于国产品，但由于其质量优良可能会吸引一些消费者。由于入世时间较短，还没有出现这种情况

的端倪。

关税配额的影响应当引起足够重视。虽然承诺的关税配额并不意味着必须进口的数量，但是配额对国内市场形成的冲击随时可能发生。去年我国关税配额使用量较低，原因主要是关税配额的时滞效应和国内主要农产品供给过剩。我国于2001年12月11日加入世贸组织，2002年9月才公布了2003年的关税配额管理办法，这期间存在一个时滞效应，国外竞争者没有足够的时间反应国内主要农产品如谷物、棉花等存在供过于求的现象，价格也较国际市场低廉。事实上，对关税配额的隐忧主要来自两方面。一是对粮食安全的冲击。人口大国的经济发展战略决定了我国应长期保证主要农产品的合意自给率。承诺的配额指标虽然不一定用足，但是进口粮食在价格和质量方面的优势是显而易见的，在国民待遇的条件下，很难保证国内采购商不采购进口品。二是对农业产业结构调整的冲击。我国农业产业结构调整的思路是适当减少粮食作物种植面积和产量，以出让的土地种植价值较高的经济作物)适当减少一般粮食作物的种植面积和产量，提高优质粮食品种的种植面积和产量。淘汰产品减少将引发替代进口品增加，新开发产品则由于技术和规模的原因缺乏竞争力。此种情形之下，关税配额可能会推迟既定的产业结构调整日程。

2.出口补贴短期效应正经历释放过程。《农业协议》规定，世贸组织的成员应保证不提供出口补贴。1994年，我国已经宣布停止对出口农产品进行补贴。但是由于近年来出现了结构性过剩问题，事实上我国也对部分出口农产品补贴。我国的出口补贴体现为补贴给出口企业，取消出口补贴不会对农民收入产生太大的影响。部分出口企业正在经历着出口补贴承诺短期效应释放的过程—已存在补贴而能够在国际市场上竞争的产品，会随着补贴的退出和农业产业结构的调整，逐渐自行退出该领域。国内的替代政策很大程度上稀释了出口企业面临的短期效应，去年推出的两项政策都起到了较好的效果：取消国内粮食运输的铁路政策和实行出口粮食退税。本质上，出口企业想立于不败之地，还得苦练"内功"。

3.国内支持力不从心。国内支持是政府用于国内农业生产和农产品流通等方面的支持，体现为国家财政资金支持。《农业协议》约定的国内支持措施有三类：绿箱政策、黄箱政策和蓝箱政策。绿箱政策，是对生产和贸易没有扭曲影响或影响很小，不受限制或免予削减义务的支持政策。黄箱政策，是对生产和贸易产生扭曲影响，需要限制或削减的支持政策。蓝箱政策，属于黄箱政策的特例，是免于削减义务的国内支持政策。我国目前没有使用蓝箱政策。在现有的绿箱支持措施中我国仍有5项措施没有启用，分别是：不挂钩的收人支持、收人保险和收人安全网计划的政府支持、对生产者退休计划提供的结构调整补助、对资源停用计划提供的结构调整补助、对结构调整提供的投资补贴。使用绿箱政策是不受限制的，从这个意义上讲，我国的绿箱支持余地很大。从黄箱支持措施看，我国也有较大的支持空间。在黄箱政策中，要求各成员方按综合支持总量占农业总产值（或产品产值）的一定比例来削减黄箱支持水平。对某一具体农产品〔或所有农产品）的支持，只要其综合支持总量不超过该产品生产总值（或农业生产总值）的5%(发展中国家为10%），就无需削减其国内支持。我国入世所作的承诺为8.5%，对农业或某一具体农产品的支持只能在当年农业生产总值的8.5%或某一产品产值的8.5%以内。限于财力的约束，我国的现有支持水平距离这个限额还很远。目前我国平均每年黄箱支出为300亿—400亿元左右，仅占同期农业总产值的1.5%，与8.5%的上限承诺水平差7个百分点，如果按目前我国农业总产值平均水平计算，约有1400亿元的黄箱支持空间待发展。

三、带动农业战略性调整的三驾马车：转变政府农业职能、实现农业结构调整和提高农业国内支持水平

1.统一农政，转变政府农业职能

宏观上，中国现行的农业管理体制还不能适应加入世贸组织后对农业进行有效调控的要求。实现政府的农业职能和管理方式变革与创新，首先要加强宏观调控职能。政府农业决策的宏观部门要逐步实现对农业产业的综合调控、政府主导型的农业产业化以及提高农业服务水平。实现农业产业的综合管理，要求对农业部门负责的业务进行调整、综合，避免职能交叉、政出多门的现象。强调农业管理的政策统一，要求对原隶属于几个政府部门的职能作相应的调整。在此基础上，提高对农业生产、流通、加工、贸易过程的综合管理，统一协调产前、产中、产后的全过程。政府对产业化发展的支持作用，主要体现在制定产业化标准，比如竞争力指标、结构调整指标。只要是符合产业化标准的，政府予以支持，而不能局限于产业化的具体组织形式。提高政府的农业服务水平，是政府职能转变的必然选择。政府农业部门的职能要逐步向提供优质的服务转变，放松农业管制。提高政府的服务水平，要求农业主管部门和地方要彻底根除在产量、种类等方面的管制行为，把政府职能的重点转移到提供完备的法律

体系、充分的市场信息、灾害预测预报以及产品质量标准体系上来。增加农业法律透明度，公开农业法律的制定过程，增强社会各经济利益阶层对制定农业法律的共识，提高执法效率。其中，提供充分的市场信息和制定产品质量标准体系是我国农业部门与发达国家农业部门的主要差距。我国农业部门的信息服务职能与加入世贸组织的要求相比差距很大，应尽快建立一个适合我国农业信息服务的数据库，形成由政府及时发布农业服务信息的机制，提高农户和农业企业参与市场的能力。建立包括动植物疫情监测、自然灾害预警系统在内的农业灾害预测预报系统，提高预测水平，防范和化解农业生产风险。制定产品质量标准体系是促进出口的驱动力，同时也是世界各国有效阻止进口的非关税壁垒措施。入世第一年，我国的农产品贸易大国的效应已经显现，在参与制定国际标准的地位方面将会越来越有分量。及早形成自己的质量标准体系，不仅是当务之急，也是长远之举。

2.三措并举，实现农业结构调整

农业产业结构调整。调整农业产业结构是对农业产业进行动态优化的过程，站点应放在依靠科技、以市场为导向，提高农业产业的整体素质。农产品结构调整。出于经济安全和社会稳定方面的考虑，长期以来，单纯强调农产品产量是我国总的指导思想。针对近年出现农产品结构性过剩问题，应把提高农产品质量，进行农产品结构优化作为农产品结构调整的重要内容。首先要压缩一般性农产品的生产，逐步实现农业结构向以优质农产品转化。这也相应要求改变种植业结构，减少一般性土地资源密集型农产品的生产，让出的土地用来种植高产、优质、高效、低耗的农作物。

农业劳动力结构调整。加入世贸组织为加速中国二元经济结构的调整创造了机会。农业劳动力结构调整的重点应放在减少直接农业劳动力从业人数，转移农业剩余劳动力，提高劳动者劳动的知识含量。主要途径是发挥小城镇的区域性集聚和扩散功能，逐步实现城乡经济协调发展，从多方面增加就业机会；合理引导农村劳动力输出，减少农村剩余劳动力无序流动带来的效率损失，带动劳动力知识外溢和扩散；发展劳动密集型的农产品加工业，加速劳动密集型的农产品加工业扩张，吸收农业剩余劳动力就业。

市场结构调整。市场结构的调整是农业结构调整的终极阶段，出发点是界定和保护农民的产权和利益。体现在政府行为上，是尊重市场安排方式，保证农户有充分的自主选择、交换的权利。应消除市场封锁和行业垄断。按照享赋优势对农业生产进行分工后，消除市场人为分割，无论是农业生产要素还是产成品，都能够实现较为畅通的流动。地区性封锁消除了，就意味着市场容量的扩大。改变城市市场结构与开拓农村市场并举，受城镇化水平低和农民收入增长缓慢的影响，农产品和农村市场的自然经济特征仍然较为明显，随着二元经济结构的改变，农村自然经济的特征将不复存在。

3."长绿短黄"，提高国内支持水平

农业发展的国内支持政策要分别确立长期措施和短期措施。由于绿箱措施以政府提供一般性服务、农业安全和环境保护为主旨，免于削减义务，所以绿箱措施的使用和改进没有止境，用好绿箱措施是政府的长期战略。需要指出，当前我国在部分实施绿箱措施的领域不具备载体，如缺少行业组织，这也在一定程度上限制了绿箱措施的应用，绿箱措施的实施范围和深度，依赖于农业组织的深化。另外，短期内国家财政收入的预算约束，也不足以支持绿箱措施的深度实施。

短期内的农业政策，应以黄箱措施为主导。由于黄箱措施以补贴和价格支持为主，对国内农业生产的支持作用很大，这也就意味着对国外产品的竞争力提升。受国家财政总量的约束，我国的黄箱措施远低于《农业协议》的上限。从政策效果看，黄箱政策措施对促进生产、提高产品的竞争能力，其作用比绿箱政策更为直接。所以现阶段如何用好、用足黄箱支持政策是更为重要、更为紧迫的任务。同时，也应选择在适当的时机启动蓝箱政策。

本文发表于《资本市场》　2003年第9期

中国农业政策的战略取向
——加入世贸组织后中国农业发展思路

作为国民经济的基础，加入世贸组织后我国农业面临的机遇和挑战倍受社会各界关注。如何尽快调整农业产业结构，保证农民收入，顺利实现对农业产业的保护——支持——发展，成为当前我国农业应对入世挑战的重要课题。国内农业政策在支持农业产业发展中具有举足轻重的作用，在我国刚刚入世的情况下，制定一个行之有效的农业政策尤为紧迫。

一、趋势判断：我国农业面临的主要矛盾

对于我国来说，加入世贸组织后不同产业所受到的冲击程度差异很大。目前从各产业的综合状况分析，农业受到的冲击程度相对较大，影响范围广泛，而且在持续时间上会更长一些。这种判断分析的依据，既决定于现阶段我国农业发展水平，也有长期

以来中国农业管理和贸易中存在的体制性问题，以及国内主要农业生产要素稀缺和农业积累程度较低的原因。

　　一个国家的农业发展水平，主要可以通过三个指标体现，农业产业化水平以及农业生产效率、农产品的国际竞争力。现阶段我国农业的产业化水平较低，特征是农业经营规模小而分散。加入世贸组织之前，产业化水平低下一直是阻碍我国农业发展的一个重要因素，加入世贸组织之后，尽快实现农业产业化仍将是一个主要矛盾。产业化水平决定了生产效率。我国广大农村的家庭联产承包制，虽然在相当长的一段时期内极大地促进了农村经济的发展，但是受到产业化发展水平的限制，这种组织形式带来的农业生产率增长一直徘徊不前。小规模的农户经营，不利于采用先进的农业生产技术，很难推广规模化生产的农业生产工具，造成农业生产资料的重复投资，在一定程度上抬高了产品成本，反过来又妨碍了发展农业产业化、规模化、专业化经营战略。农产品的竞争力是决定占领国际市场的重要因素。长期以来，我国农产品竞争力不强，特别是粮食品种单一，总体质量不高。优质农产品生产不足，一般和低档的农产品生产过剩。与国际市场的要求相比，许多产品不符合进口国的质量标准，影响了产品的国际竞争力。

考察中国农业管理和贸易中存在的体制性问题。改革开放20多年来，我国的市场经济体制不断发展并完善，政府支持和管理农业的水平也得到很大提高，但是许多地区计划经济时代遗留的管制行为仍然很严重。

基层政府在制定农村发展规划时仍采取规定农作物种类、种植面积，规定养殖品种、数量的方法等，这种管制方式，是世贸组织规则所严格禁止的。西方发达国家在实施其农业产业政策、实现农业产业化的过程中，注重农业行业协会的作用。大量存在的农业行业协会，有效地发挥着农业生产的行业组织作用。近年来，我国在推进农业产业化发展的进程中，各地纷纷探索了多种农业生产组织形式，比如贸易公司——农户形式，农业行业协会——农户形式，农业企业——农户形式，但是总的来看，目前的农业生产组织还处于初级阶段，发育不充分，运作经验不足。农业生产中不同行业、不同地区之间相互封锁，进入壁垒高，对外贸易中则往往无序经营，不能很好地维护自身利益。

从国内主要农业生产要素和农业积累程度方面分析。我国主要农产品多为土地密集型产品，由于生产成本大大高于国际市场，对外开放市场和扩大进口数量后将会受到国外低价农产品的冲击，农民收入增长困难是一个现实的问题，这也将直接影响农业的积累水平。在完成我国加入世贸组织的过渡期后的几年内，农民收入增长会处于一个徘徊阶段。由此带来的连锁反映是国内粮食生产的减少和影响农民就业，对于后者来说，是与我国二元经济结构息息相关的，并不是单纯由加入世贸组织而引发的。出现这种情况，短期内对我国农业的发展会有所影响，但长期来看，加入世贸组织会促进农业剩余劳动力的转移，加快我国完成产业现代化的进程。

二、实证分析：谈判承诺带来的权利与义务

在加入世贸组织的谈判中，根据协议的要求和与其他成员国的具体谈判，我国作出了一些承诺。这些承诺中，对我国农业影响较大的主要有四个方面。

1.关税减让与关税配额。2001年底，我国农产品进口关税的平均税率是21.3%；我国入世承诺的第一年农产品进口关税税率要降到18.5%；过渡期末的2004年，要降到15.8%；2008年要降到15.1%。关税减让的直接结果是增加了进口产品的竞争力，由于关税下降、产品成本减少而导致进口产品价格的降低。虽然不同产品进口关的降低幅度有所不同，但是总体来看，关税减让导致的进口增加效应有限。相较而言，关税配额所起的作用可能要大得多。

加入世贸组织后，我国需要按照承诺的关税配额给予国外农产品市场准入的机会。原则上，对配额数量之内的进口产品征收1%～3%的关税，对于超过关税配额的进口品，进口国可以课以高关税；通过关税配额规定最低市场准入量，准入量不低于基期国内消费量水平的3%。我国在农业谈判中承诺，对粮食、植物油、棉花、食糖、羊毛、天然橡胶等重要产品实行关税配额管理。虽然承诺的关税配额并不意味着必须进口的数量，但是关税配额对我国农业发展影响应当引起足够的重视。首先是粮食安全的问题。国内权威人士测算，我国的粮食生产的自给率应达到96%，4%的粮食进口才可以被认为是安全的。从这个意义上讲，关税配额将会对国内粮食生产产生较大的冲击。1996年-1998年我国小麦的净进口为390万吨，2002的配额数量为846.8万吨，为前者的两倍多；1996年-1998年我国玉米的净进口为-359万吨，2002年的配额数量为585万吨；1996年-1998年我国大米的净进口为-121万吨，2002年的配额数量为399万吨。这些承诺的配额指标虽然不一定用足，但是进口品在价格和质量方面的优势是显而易见的，在国民待遇的条件下，很难保证国内采购商不采购进口品。

其次是给农业产业结构调整带来的问题。我国正值农业产业结构调整的重要时期。正在进行的农业产业结构调整的主要思路是，适当减少粮食作物种植面积和产量，以出让的土地种植价值较高的经济作物，适当减少一般粮食作物的种植面积和产量，提高优质粮食品种的种植面积和产量。这种方法是在国内产业部门静态和无磨擦的情况下的最优选择。如果考虑到加入世贸组织后关税配额带来的影响，我国既定的农业产业结构调整的节奏可能会推迟。处于结构调整期的老产品减少引发替代进口品增加，而新产品则由于一定时期内规模不经济和技术方面的原因缺乏竞争力。

2.出口补贴。《农业协议》规定，世贸组织的成员应保证不提供出口补贴。我国加入世贸组织谈判中承诺，取消对农产品的出口补贴，包括价格补贴，实物补贴，出口产品加工、仓储、运输补贴。我国的出口补贴体现为补贴给出口企业，对生产者是没有影响的，所以取消出口补贴后，不会对农民收入产生太大的影响。短期内，取消出口补贴对少数农产品和生产该种农产品的局部地区影响较大。从出口补贴承诺对我国的影响看，短期效应大于长期效应。原因是由于存在补贴而能够在国际市场上竞争的产品，会随着补贴的退出和农业产业结构的调整，逐渐自行退出该领域。

3.国内支持。国内支持是政府用于国内农业生产和农产品流通等方面的支持，是用公共资金进行的支持，体现为国家财政给予的支持。国内支持区别于进出口支持，主要就支持环节而言的，进出口支持措施如关税、动植物检疫、出口补贴都属于边界保护措施。《农业协议》把国内支持措施主要划分为三类：绿箱政策、黄箱政策和蓝箱政策。绿箱政策，是对生产和贸易没有扭曲影响或影响很小，不受限制或免予削减义务的支持政策。黄箱政策，是对生产和贸易产生扭曲影响，需要限制或削减的支持政策。蓝箱政策，属于黄箱政策的特例，是免于削减义务的国内支持政策。我国目前没有使用蓝箱政策。

《农业协议》规定，使用绿箱政策是不受限制的。在现有的11项绿箱支持措施中我国仍有5项措施没有启用。从这意义上讲，我国的绿箱支持余地是很大的。从黄箱支持措施看，目前我国也有较大的支持空间。在黄箱政策中，要求各成员方按综合支持总量占农业总产量（或产品产值）的一定比例来削减黄箱支持水平。综合支持量（AMS）是指"给基本农产品生产者生产某项特定农产品提供的，或者给全体农产品生产者生产非特定农产品提供的年度支持的货币价值"，即对某种或全部农产品的支持总额。《农业协议》规定：对某一具体农产品（或所有农产品）的支持，只要其综合支持总量不超过该产品生产总值（或农业生产总值)的5%（发展中国家为10%），就无需削减其国内支持。我国入世所作的承诺为8.5%，即对农业或某一具体农产品的支持只能在当年农业生产总值的8.5%或某一产品产值的8.5%以内。另外，根据入世谈判的结果，我国不享受农业国内支持政策对发展中国家的特殊和差别待遇，即对发展中国家某些"黄箱"政策措施，如农业投资补贴、为鼓励生产者不生产违禁麻醉作物而提供的国内支持、对低收入者或资源贫乏的生产者获得的农业投入补贴等，列入免于削减的范围，这些支持措施我国必须计入8.5%的黄箱补贴规模内。

三、战略取向：我国农业发展前景及应对措施

1.转变政府农业职能和管理方式

实现政府的农业职能和管理方式变革与创新，首先要强调加强宏观调控职能。农业部作为负责政府农业决策的宏观部门，要逐步实现对农业管理的综合调控、以政府为主导的农业产业化经营以及提高政府的农业服务水平。

实现农业产业的综合管理，应当借鉴发达国家对农业产业进行综合管理的成功经验，对政府农业负责部门的业务进行调整、综合，明确农业部作为农业宏观部门的地位，避免职能上的交叉，统一各部门间农业政策政出多门的现象。在此基础上，提

高对农业生产、流通、加工、贸易过程的综合管理，统一协调产前、产中、产后的全过程。强调农业管理的政策统一，要求对原隶属于其他政府部门的职能作相应的调整，较为迫切的是把农产品加工、流通和贸易职能由目前经贸部门负责划归农业部门统一协调。

农业产业化经营，是由分散型、半自然状态的农业生产向集约化状态的农业生产过渡的必由之路。我国的农业产业化经营处于起步阶段，国外产业化经营的成功经验，客观上能对国内农业产业化经营产生示范作用。我们应该利用后起优势，缩短产业化发展的时间链。产业化经营之路的关键在于产业化经营的发展路径。根据我国现阶段农业发展的阶段性特征，重新建立产业化发展的组织框架意义不大。原因是在家庭承包经营体制下，对产业化发展进行重组，交易成本很高，而且会带来一些不稳定的因素。较为可行的方式是以家庭承包经营为基础，发挥农户对实现产业化的创造性。政府对产业化发展的支持作用，主要体现制定产业化标准，比如竞争力指标、结构调整指标，当然，这些指标的确定要在农业政策中居于核心地位。只要是符合产业化标准的，政府予以支持。在对多种形式的模式进行评估和筛选之后，针对不同的地区、不同农业生产条件和不同的市场化背景，推荐产业化经营的模式。在选择产业化经营的模式之后，政府的工作重点要放在扶植大型农业企业的发展和调整产业链条的各方面利益关系上来。使各方面的利益关系相对固定，提高产业化的稳定性，节约交易成本。需要指出的是，产业化过程中，市场机制未必是最好的办法，非市场安排的选择带来利益也可能会大一些，所以两种思路结合起来考虑的效果更好。

提高政府的农业服务水平，是政府职能转变的必然选择。加入世贸组织之后，政府农业部门的职能要逐步向提供优质的服务转变，放松农业管制。提高政府的服务水平，要求农业主管部门和地方要彻底根除在产量、种类等方面应由市场机制决定的管制行为，把政府职能的重点转移到提供完备的法律体系、充分的市场信息、灾害预测预报以及产品质量标准体系上来。增加农业法律透明度，公开农业法律的制定过程，增加社会各经济利益阶层对制定农业法律的共识，提高执法效率。能否提供充分的市场信息是我国农业部门与发达国家农业部门的差距之一。我国农业部门的信息服务职能与加入世贸组织的要求相比差距很大。当前重要的工作是尽快建立一个适合我国农业信息服务的数据库，形成由政府及时发布农业服务信息的机制，提高农户和农业企业参与市场的能力。

2.实现农业结构的战略性调整

加入世贸组织，提高本国农业的国际竞争力成为一个现实而紧要的任务，所以进行农业结构调整的要求更为迫切。这时的农业结构调整，着眼点应放在依靠科技、以市场为导向，提高农业产业的整体素质。

农产品结构调整。出于经济安全和社会稳定方面的考虑，长期以来，单纯强调农产品产量是我国农业工作的指导思想。针对近年出现农产品结构性过剩问题和加入世贸组织的新情况，应把提高农产品质量，进行农产品的结构优化作为农产品结构调整的重要内容。推进农产品结构优化，首先要压缩一般性农产品的生产，逐步实现农业结构向以优质农产品转化。同时，合理调整农业区域布局，充分发挥各地的比较优势。东、中、西部地区在农业发展过程中，应尽量减少或避免不同地区农业结构的趋同性，发挥不同地区的区位优势。如东部地区适当调减粮食种植面积、增加附加值高的农作物种植面积.中部粮食主产区增加生产优质粮食，降低生产成本。西部地区重点发展特色农业。

农业劳动力结构调整。农业劳动力结构调整的重点应放在减少直接农业劳动力从业人数，转移农业剩余劳动力，提高劳动者劳动的知识含量，寻找和创造新的就业机会。主要途径：一是发挥小城镇的区域性集聚和扩散功能。以农业为依托是农村城镇化过程中应该长期坚持的原则，应注重充分发挥小城镇的多功能作用，服务于农业产业化、现代化，发展第三产业。通过向小城镇的集聚和扩散效应，改善外部经营环境，加快农业产业发展。从解决小城镇的基础设施建设入手，逐步实现城乡经济协调发展，从多方面增加就业机会。二是合理引导农村劳动力输出。针对各地区农业发展的不同阶段性特征，政府宜制定引导农村劳动力输出的规划。既包括国内不同地区间的流动，也包括我国向国际市场的劳务输出。三是发展劳动密集型的农产品加工业。我国在劳动密集型的农产品生产和贸易中具有比较优势。加入世贸组织，应充分利用劳动力资源丰富的优势，加速劳动密集型的农产品加工业扩张，吸收农业剩余劳动力就业，减少直接从事农业的劳动力数量。

市场结构调整。市场结构的调整是农业结构调整的终极阶段。市场结构调整的目标是通过低成本或能够使交易成本降低的制度安排，促进农业的结构改变，从而提高农业整体发展水平。市场结构调整的出发点是界定和保护农民的产权和利益。体现在政府行为上，是尊重市场安排方式，保证农户有充分的自主选择、交换的权利。一是消除市场封锁和行业垄断。按照奈赋优势对农业生产进行分工后，消除市场的人为分割，无论是农业生产要素还是产成品，都能够实现较为畅通的流动。地区性封锁消除了，就意味着市场容量的扩大。二是改变城市市场结构与开拓农村市场并举。长期看，应坚持农产品销售市场以城市为主体，但是尽快改变农产品供给结构是关键。经济总量增加的结果是使城市居民的消费广度和深度增加，由此带来的需求变化是优质产品的需求增加。如果不重视这个变化，市场结构的调整显然是不完备的。受城镇化水平低和农民收入增长缓慢的影响，农产品的农村市场的自然经济特征仍然较为明显，农村市场发育不完全。随着二元经济结构的改变，原隶属于农业人口的部分群体转入城镇居住，这部分人口的收入水平和消费方式将发生巨大的变化，需求必然转化为以市场为纽带的需求，自然经济的特征将不复存在。这对于农村市场的发展，始终有很大的潜力。三是开拓国外市场。加入世贸组织，为我国农产品进入国际市场创造了有利条件。根据国际市场对农产品的需求变化，生产适销对路的产品，是增强我国农产品竞争能力的必由之路。

3.政府支持促进农业发展

加入世贸组织后，我国农业政策的制定受到《农业协议》的约束。根据现阶段我国农业发展的格局，政府支持农业发展的措施要分别确立长期措施和短期措施。由于绿箱措施以政府提供一般性服务、农业安全和环境保护为主旨，免于削减义务，所以绿箱措施的使用和改进没有止境，其对农业发展的促进作用也没有止境。从这个意义上讲，用好绿箱措施是政府的长期战略。需要指出，当前我国在部分实施绿箱措施的领域不具备载体，如缺少行业组织，这也在一定程度上限制了绿箱措施的应用，绿箱措施的实施范围和深度，依赖于农业组织的深化。另外，短期内国家财政收入的预算约束，也不足以支持绿箱措施的深度实施。分析短期内的农业政策，以黄箱措施为主导。由于黄箱措施以补贴和价格支持为主，对国内农业生产的支持作用很大，这也就意味着对国外产品的竞争力提升。在《农业协议》框架许可的范围内，由于受国家财政收支总量的约束，我国的黄箱措施远低于上限。根据《农业协议》规定，综合支持量必须以1986年～1988年的平均水平为基础，自1995年开始，发达国家在6年内逐步削减13%，发展中国家在10年内逐步削减13%。由于我国刚加入WTO，我国国内支持基期时间为1996年–1998年。我国农业补贴中的黄箱支出，1996年～1998年平均每年为290亿元左右（折合约35亿美元），按1996年～1998年我国农业总产值平均水平（20400亿元左右）计算，黄箱措施的支持水平仅占农产品总产值的1.4%，与承诺水平差七个百分点，如果按农业总产值平均水平（20400亿元）计算，我国约有1400亿元的黄箱支持空间。

无论从绿箱措施来讲，还是从黄箱措施来讲，对增加农民收入、提高农产品的竞争能力、拉动农业生产都会起到重要的促进作用。从绿箱政策来讲，国内粮食援助、不挂钩的收入支持、收入保险和收入安全网计划的政府支持、自然灾害救济（其中一部分）能直接转化为农民收入。绿箱政策的其他措施，如包含农业科研、病虫害、培训、技术推广和咨询、检验检测、营销和促销、基础设施等措施的政府一般服务，对生产者退休计划提供的结构调整补助，对资源停用计划提供的结构调整补助，对结构调整提供的投资补贴环境保护补助，地区性援助等，对加强农村基础设施建设，改善农村地区的生产、生活条件，促进农业和农村产业结构调整，推动农业科技进步，强化农民培训，提高农民素质，促进产品销售，开拓市场，确保产品安全等方面而言都是增强我国农业发展的后续力量。

从黄箱政策来讲，对农产品价格实行补贴，对农产品给予营销贷款，按产品种植面积对生产或个人给予补贴，按牧畜数量对生产或个人给予补贴，对农民使用种子、肥料、农药、灌溉等投入品给予补贴等，这些措施对促进生产、提高产品的竞争能力，其作用比绿箱政策更为直接。

从现阶段我国的情况看，关键是进一步提高农产品的竞争能力，推动农业生产的发展，所以研究如何用好、用足黄箱支持政策是更为重要、更为紧迫的任务。

本文中国发表于《财政研究》　2003年10期

公共财政期待完善五项税收制度

一、实行综合性的个人所得税制

以流转税为主体税种的国家，税收对宏观经济产生的通货紧缩效应不容忽视。尽管流转税可以转嫁，但是转嫁势必会提高课税商品的价格，从而降低总需求水平，牵引经济滑入"通货紧缩陷阱"。虽然采取了多种措施，5年来我国的通货紧缩趋势始终没有得到彻底改观，与流转税体系内生的"通货紧缩效应"不无关系。我国市场经济的发展，最终会使所得税成为主体税收。从个人所得税的发展历程看，这一趋势已越来越明显。与企业所得税相比，个人所得税直接体现为个人收入的变化，对消费进而对宏观经济的调控作用更加明显。个人所得税同时也是一个调节收入分配，引导社会均衡发展的重要税种。累进税率的设计方法，可以一定程度上抑制经济过热和减缓经济衰退。由于在设计和操作上极具复杂性，即使在发达的市场经济国家，个人所得税制也面临进一步完善的问题。

建立综合性的个人所得税制度是完善个人所得税的趋势。针对劳务报酬、稿酬、财产租赁、特许权使用费所得等易存在普遍偷逃税的领域，应扩大综合所得的项目，将工资、薪金、劳务报酬、财产租赁、经营所得等经常性所得，合并为综合所得，采用统一的超额累进税率，实行综合征收。并适度提升高收入者的适用税率，加大对高收入者的调控力度。目前限制我国个人所得税发展的技术障碍主要是税收信息系统不能覆盖所有的经济活动，这虽然也是其他税种存在的问题，但对于个人所得税来说更为重要。建立能够全面反映个人收入和大额支付的信息处理系统，尽可能地扩大系统的覆盖面是应长期关注的工作。个人所得税在制度设计上应主要考虑规范"税式支出"，即国家以税收优惠形成的收入损失或放弃的税收收入。这种隐含的转移会增进社会福利。对纳税人直接的税式支出，应制定合理的费用扣除标准，调整现行工资、薪金所得适用的超额累进税率和级距；对纳税人间接的税式支出，如捐赠支出可在征收个人所得税前扣除，鼓励高收入阶层为公益事业慷慨解囊。

二、协同推进农村税费改革

政府在为特定对象提供服务时收取适当费用是体现政府公共服务职能、取得财政收入的重要形式，是市场经济国家的通行做法，也是公共财政体制的外在形式要求。不能一概否定收费的作用，而是应予规范。基本思路是通过改革予以规范，清理取消不合法的收费；对合法的收费全部纳入预算实行规范管理；对不体现政府职能、而具有税收性质的收费实行费改税。

税费改革的"重头戏"是农村税费改革。按照公共选择理论，农村税费改革是一种农民投票选择的过程，这个过程应具备三项原则：农民减负原则、规范农村分配原则和村民民主议事原则。由于涉及农村政治结构的调整和变动，增加了改革难度。农村税费改革试点过程中主要暴露出两类问题。一类是操作性问题，比如调整农业税计税土地面积不合理，没有据实核定到农户；核定的农业税计税常年产量偏高；农业特产税按土地面积分摊而不据实征收；加重农民负担的"口子"未扎死。这些看似操作不力的现象虽不乏部分县乡政府的利益动机，但在本质上反映了基层政府财政保障能力不足。另一类是农村税费改革的协同性问题，比如撤乡并村、乡镇机构改革等配套改革滞后，报刊摊派依然严重，缺乏稳定的农村义务教育投入机制。这反映了公共财政体制与政治改革的协同不足。协同理论所讨论的问题是，农村税费改革的木桶究竟能盛多少水，将取决于构成水桶的最短那块木条。农村税费改革是关系到农村基层政权稳定和社会稳定的大事，为确保农村税费改革的顺利进行并取得预期成效，还必须采取进一步的措施，加强对试点地区改革工作的指导和督察，推进乡镇机构改革、农村教育管理体制改革与相关配套改革，建立健全农民负担监督管理机制，加大对改革地区的转移支付力度。

三、以国民待遇原则统一税收制度

适度的税收优惠政策对经济发展和社会稳定可以起到积极的作用。但现行经济特区、新区、各类开发区等区域性税收优惠层次过多、过于繁杂，企业和个人重复享受税收优惠的情况比较普遍。在优惠方式上过多依赖直接减免、先征后退等形式，手段比较单一，加剧了税收流失，造成了地区之间恶性税收竞争，背离了公共财政倡导的公平原则。

统一税制的思路是按照WTO规则，遵循直接减免为主向间接扶持转变、区域优惠向产业优惠转变、打破现行按经济类型建立的税收优惠以及调整外资企业"超国民待遇"的税收优惠原则，清理、规范现行的税收优惠政策，着力减少具有专项审批、临时、特案减免性质的税收优惠待遇。统一税制的重点是内外资企业的税收政策。首要的任务是统一内外资企业所得税，既要考虑国民待遇原则，又要考虑我国总体上还处于资本短缺时期的现实，统一虽是趋势，但制定一个统一时间表不失为一种选择。对引进外资影响较小而受益面较广的税种，尽快实现统一。改变对内外资企业分别征收车船使用税、车船使用牌照税、房产税和城市房地产税的办法，建立统一的车船税、房地产税条例，外商投资企业纳入城市维护建设税和教育费附加的征收范围，解除外资企业搭"税收便车"的行为。

四、改生产型增值税为消费型增值税

世界上实行增值税的110多个国家或地区中，只有我国和印度尼西亚等少数几个国家采用生产型增值税。生产型增值税只允许对购置原材料、半成品所含税款进行抵扣，而对购进固定资产所含税款不允许抵扣。其他大多数国家都实行消费型增值税制度，允许抵扣购进固定资产所含税款。生产型增值税虽然能够保证财政收入，缓解财政减收压力，但也有悖于"税收中性"的原则：抑制投资和税负不平。纳税人购进固定资产所含的税款不予抵扣，造成了谁投资谁就要纳税，不利于鼓励投资。同时，资本构成不同的企业之间税负不平衡、不公平，特别是高新技术产业和基础产业固定资产投资比重大，税收负担重，税收政策不仅没有引导企业顺应国家产业政策的战略意图，反而扭曲产业政策的实施。其效果如同反方向的作用力，而不是一个合力。另外，对进口国内不能生产的先进设备可以免税，而国内生产的设备所含税款不能抵扣，也在削弱内资企业的竞争能力，出于避税和降低生产成本的动机，企业将选择进口设备。为消除企业额外的税收负担，使税制设计更加符合"中性"原则，应推进消费型增值税改革。

五、以公平分配原则开征遗产税

效率优先、兼顾公平是市场化初始阶段的经济学伦理。这不是个人偏好决定的，而是由培育市场的初始化条件决定的：当时的历史条件是资本短缺、市场制度不明晰、资源紧约束和市场主体缺席。经过二十多年的市场化改革，市场基础发生了很大的改观，我国的市场化程度已达到60%。社会经济生活中出现的主要矛盾正在由效率不足转变为公平分配的问题。公平分配也正是公共财政体制的应有之义。

国内对开征遗产税讨论比较多，各方面呼声也比较强烈。一种观点强调开征遗产税对激励社会生产，增加财政收入，调节收入分配，支持社会保障体系建立，缓解社会矛盾有非常重要的作用。而另一种观点认为开征遗产税不利于投资和生产，征收成本很高，调节收入分配作用也不显著。实际上我国开征遗产税的顾虑主要来自担心资本外逃。这种担忧不是没有道理，但是一个较为稳定的制度对财富所有者可能是更好的预期，而创业环境的多变和不确定才是财富所有者真正所担心的。由于遗产税起征点很高，按照对我国现阶段社会阶层的分析，征收对象主要是一些先富起来的企业家，这些致富者基本上处于青壮年阶段，大多数的遗产继承人只是潜在的，所以目前不可能对国民经济造成冲击。如果不及时开征，后来遇到的阻力只会越来越大。当个人的财富总量积累到相当程度，突然宣布开征遗产税引起的经济震荡会更大，这将产生一种激进式改革的效应。及早开征遗产税的重要意义，还在于培育财富所有者的纳税意识，让他们了解到，正是由于他们的杰出贡献，才促进了社会的全面进步。

无法回避的是，开征遗产税在征管上还存在许多难点，比如个人财产登记和申报制度不健全，遗产数量难以确认；死亡人信息难以及时获得，无法保证遗产在计征遗产税前不被分割或转移；遗产形态多样，在目前的征管环境和征管条件下，难以综合掌握死亡者的全部遗产；财产评估制度不完善，遗产价值确认困难，且评估费用开支较大。这些征管技术层面上的问题，有待税收实务界的专家们研讨解决。为了减少对经济的震动，遗产税开始可以采取多扣除、低税率的办法，以后根据经济形势的发展再行调节，逐步校正与社会期望调节力度之间的差距。

本文发表于《中国经济时报》 2003年11月7日

农业：审慎看待入世效应

我国在农业方面所作承诺主要体现在关税减让与关税配额、出口补贴、国内支持等方面。分析这两年的入世影响，大概表现在以下三个方面。

一、关税减让影响平稳，关税配额波澜不惊

从这两年情况看，关税减让导致的农产品进口增加有限，我国的农产品相对于进口产品仍有价格优势，人们真正担心的不是价格，而是进口品的质量优势，随着人民生活水平的提高，未来其可能对国内农产品构成冲击。目前由于时间较短，还看不出这种端倪。

关税配额的影响应当引起足够重视。虽然承诺的关税配额并不意味着必须进口的数量，但是配额对国内市场形成的冲击随时可能发生。去年我国关税配额使用量较低，原因主要是关税配额

的时滞效应和国内主要农产品供给过剩。对关税配额的隐忧主要来自两方面：一是对粮食安全的冲击。人口大国的经济发展战略决定了我国应长期保证主要农产品的合意自给率。承诺的配额指标虽然不一定用足，但是进口粮食在价格和质量方面的优势是显而易见的，在国民待遇的条件下，很难保证国内采购商不采购进口品。二是对农业产业结构调整的冲击。我国农业产业结构调整的思路是适当减少一般粮食作物的种植面积和产量，提高优质粮食品种的面积和产量。这一过程中，新产品可能因技术和规模缺乏竞争力，由此引发进口品替代淘汰产品，从这个意义上讲，关税配额可能会推迟既定的产业结构调整日程。

二、有关减少出口补贴的承诺正在发生作用

我国以往对部分农产品的出口补贴主要体现在补贴出口企业上，取消补贴对农民的收入影响不会太大。目前国内出口企业正经历着减少乃至取消出口补贴的阵痛，与此同时，国内的替代政策也在很大程度上稀释了出口企业面临的痛苦，去年推出的两项政策都起到了较好的效果：取消国内粮食运输的铁路政策和实行出口粮食退税。本质上讲，出口企业想立于不败之地，还得苦练"内功"。

三、国内支持力不从心

《农业协议》约定的政府对农业的支持措施有三类：绿箱政策、黄箱政策和蓝箱政策。在现有的绿箱支持措施中我国仍有五项措施没有启用，分别是：不挂钩的收入支持、收入保险和收入安全网计划的政府支持、对生产者退休计划提供的结构调整补助、对资源停用计划提供的结构调整补助、对结构调整提供的投资补贴。使用绿箱政策是不受限制的，从这意义上讲，我国的绿箱支持余地很大。

从黄箱支持措施看，我国也有较大的支持空间。在黄箱政策中，要求各成员方按综合支持总量占农业总产值（或产品产值）的一定比例来削减黄箱支持水平对某一具体农产品（或所有农产品）的支持，只要其综合支持总量不超过该产品生产总值（或农业生产总值）的5%（发展中国家为10%），就无需削减其国内支持。我国入世所作的承诺为8.5%，而由于财力有限，目前我国平均每年黄箱支出为300亿元～400亿元左右，不到同期农业总产值的1.5%，与8.5%的上限承诺水平差7个百分点，如果按目前我国农业总产值平均水平计算，约有1400亿元的黄箱支持空间有待发展。

本文发表于《瞭望》 2004年第2期

产权政府和绩效政府：财政视角下的政府观之一

我们常常对有形的公共产品认知的相当清楚，但往往忽略了政府在制度方面所应提供的公共产品。西方市场经济制度确立、完善的漫长演化过程，也是一部明晰产权制度的历史。从古典经济学家主张的"守夜"政府到凯恩斯的国家干预主义，从后国家干预主义到新自由主义，不论市场经济范围和市场机制作用的发展变化如何，但产权观始终根植于法律制度、政治环境和个人行为选择过程中，保护产权的要求始终存在于市场经济体制内部。产权制度框架下的法律权能，会因为产权界限的清晰而增强。社会和交易成本则因法律权能的增强而降低。市场参与者得到了这样的稳定预期:法律保护市场体制确立的产权，政府归位于仲裁席。

建立一个保护产权的政府，是政府与市场廓清边界的首要任务。即使在社会自发产生的契约状态下，人们之间的相互行为也应借助"公共性"的政府对遵守契约或违反契约认定或惩罚，这种状态通常是私人领域自身所无法解决的。如果政府不能提供产权保护，导致社会契约无法达成，社会交易成本将会大大提高，市场经济的运行效率大为降低。更为重要的是，政府不能提供产权保护，社会隐含的契约会刺激私人部门和其他组织将提供替代保护，这种替代保护恰恰是市场经济的"毒疗"：用得越多，产生的依赖性越强，最后只能导致市场体系崩溃。产权界定不足的种种表现，如法庭不提供仲裁、仲裁不清晰或者不能执行，常常导致私人部门或组织(往往与黑恶势力交织在一起)替代界定产权，如果任由其发展提供产权保护，只能导致交易成本急剧增加，从而破坏市场经济体系。

而在绩效政府的模式下，市场经济的形成散落于社会制度的诸多层面，意识形态、文化基础、历史过程构成了市场经济的伦理基础。是谁在支配能够超越意识、文化、历史的经济观？社会制度的历史惯性使我们在推进一项经济变革时感到驾驭的困难程度。古典经济学家关于最小政府的评判标准正在发生变化，一个例证是亚洲金融风暴期间，没有一个政府置本国货币于金融大鳄吞噬之下不顾，并且声明"这是白天发生的事情，与政府守夜无关"。

事实上，世界范围内现存的三种政府与市场之间的关系中，政府干预下的市场、政府引导下的市场以及自由放任的市场都把政府绩效作为了一个建设目标。凯恩斯主义洪水泛滥的最后时期，市场经济国家的政府改革已隐然成形。其以审视政府职能为出发点的绩效观，关注点从政府的廉价程度转为行政的效率及效果。借用企业家精神改造政府的思潮以及项目管理的绩效评估方法，显然区别于"政绩"这个较为狭隘的词汇。

政府"绩效观"意味着政府行政的成本——收益观、效率观，包含了经济稳定和增长目标、社会协调发展目标。尽管衡量政府绩效本身就是一个难题，但为财政资金的支出效率提供了一个解决思路。既然无法改变财政支出增长的"瓦格纳法则"，不如把问题转化为提高资金使用效率和程度控制财政支出增长。

本文发表于《中国财经报》　2004年6月29日

游走于集权和分权之间

用句时髦的经济学术语，静态的财政分权是一种混合战略的均衡。20世纪90年代以来，一场旨在捍卫中央财政集中能力的变革逐渐展开。1994年的分税制财政体制改革后，财政分权的模式是:中央对地方依据税收返还和当年"两税"递增率及1:0.3的系数计算中央"两税"返还。这种方法会导致"两税"返还系数逐年降低，也就意味着中央实际上每年都在改变"两税"的分配比例。而地方政府为了能在分配比例上得到更多一些，往往就会选择通过人为操纵提高地方分成基数，或者隐匿共享收入(专业术语称之为"混库")。不可否认，在税收分配利益上的博弈，使得中央和地方财政分权经常处于一种"斗智斗勇"的状态之下。

即使是在一些划归地方的税种上，财政分权的变迁痕迹也很明显。举例来说，1997年，中央财政将原划为地方税种的金融行业营业税率由5%提高到8%，提高的3%归中央财政。

这一方面是为了配合当时的经济"软着陆"政策，但也不可避免地使地方政府产生了"不同看法"，甚至在某种程度上抑制了地方政府培植财源的积极性。金融营业税的变动，还有另一个原因，就是四大国有商业银行的税基在总税基中占了绝对多数，而四大商业银行是"中央企业"。按照惯例，各国中央财政最简便的增加财政收入的办法，就是提高中央政府在共享税中的分成比例——尽管这样做会遇到阻力，但是成本仍然是比较小的。

一般来说，对于财政分权的担心主要来自于两方面:分权过度和分权不足。分权不足目前不必要做过多担心;而分权过度就很容易使我们联想起计划财政"一放就乱"的怪圈。在赋予地方政府更多财权和决策权的同时，如果不能很好地设计和实施权力下放计划，并建立有效的地方政府职责体系，就可能导致地方政府错误地使用或浪费资金。而衡量地方政府行为的一个重要标志，应当是财政收支的平衡。当前应当做的是将构建公共财政框架的重点从政府与市场关系的界定逐渐转向民主运行机制的建设，这一点对于财政适度分权至关重要。

对地方政府的权力下放也有不同的程度和形式，但前提仍应当是分税的财政体制。中央从地方集中了财政收入，相应扩大了纵向转移支付的基础，这也将成为保证财政分权改革成功的基础。任何一项财政改革必须要有初始化的财政资源。因此，有了分权前中央财政集中的财力，理论上才可以保障适度的分权;中央财政也才能够通过转移支付等补助措施，保障因中央财政集权而客观上可能造成的地方公共产品的供给不足。

本文发表于《中国财经报》　2004年4月6日

关于我国财政制度改革的几点思考

一、一种财政国家观：谁在承载社会转轨成本

"财政为庶政之母"，对政府职能的探讨最终要回归于财政的职能定位。20世纪70年代开始，人们开始重新审视政府的职能作用，市场经济国家掀起了一股改革政府的浪潮，财政职能也经历了深刻而巨大的变化。马斯格雷夫首创的资源配置、收入分配和稳定经济职能列为财政的三大职能被写进主流财政学教科书：通过发挥财政的资源配置职能，提供公共产品，满足公共需要，有利于提高政府的社会管理和统治能力；通过运用税收、转移支付、社会保障等手段，发挥财政的收入分配职能，有利于缓解社会分配不公的矛盾，保持社会安定，促进政府实现社会平衡职能；而财政稳定经济的职能，则是政府宏观经济管理的一个重要方面。

理论上如此，实践上还是遇到了问题。政府(财政)与市场之间有较为明显的替代关系。过去的20多年中，国家财政距市场调节的势力范围渐行渐远，从一个全能型场上边吹哨边角力的角色正退到他的裁判席上，尽管有时他忍不住还是要投一个球——那是应场上亏损国有企业代表队的强烈呼吁，他们发出了要退出比赛的威胁，观众席上还有众多的支持者——其中之一是那些曾被制造不良贷款的银行。这种情形之下，还能要求裁判做些什么呢？他已经体力透支了。转轨之际的国家财政承载了社会如此重托，以至于其应有的部分职能为经济转型的社会成本所替代。

二、财政调整的历史形态

社会对政府和市场的选择过程中，效率竞争是最为关键的因素。廓清政府与市场关系的职能边界，事实上就是效率选择的过程。效率选择过程的现实压力来自一把双刃剑：当"市场失灵"因市场化进程加快而提高了显现频率时，市场的效率更加集中地反映为公共产品提供不足，既有实体类型的基础设施，也有虚拟方面的制度建设；"管制失灵"则因没有校准市场化进程频率而暴露在"公共需求"的要求之下。"市场失灵"和"管制失灵"共同增加了明晰政府和市场边界的难度，正是在这种情形之下，"公共财政"的概念被提上议事日程。然而，本质上提供公共产品、解决两个失灵的政策应当是财政调整。

国有经济结构调整的弹性，主要是减少一般经营性支出，扩张基础设施、文教卫生、社会保障投入，推动产业结构优化和升级。为了不加大财政需求与财政支付能力之间的沟壑，财政调整是必然。变现部分国有资产以充实社会保障资金的不足看上去是个不错的选择，但这个思路性的对策应当避免沦陷于纯技术性的误区，谁能保证社会保障资金在受益人兑取时毫发未损呢？财政制度的安排当然应赋予财政调整一个权能范围。无论多么实际的财政调整，将取决于宏观经济的理想政策空间和经济发展业绩。评估财政汲取能力的首要指标是经济增长的质量，分税财政多么完善只是次要的。财政调整的努力程度将取决于经济增长的质量和速度。双高(高质量和高速度)经济增长条件下的财政调整所需付出的财政努力远比双低条件下要小，这也是做大"财政蛋糕"的应有之义。国家财政曾经为削减预算中安排的国有企业支出伤透脑筋，可喜的变化是直接体现对国有企业的支出不复存在了，尽管有些部门仍非常热衷于审批以财政投资为主的竞争性项目；不容乐观的是间接的国有企业支出仍然大量存在，国家预算科目里清楚地标明对国有企业经营的"亏损补贴"。

一定要用代理理论解释的话，已经很难分清谁是谁的代理，企业是财政的代理还是财政是企业的代理，这需要重新回归到职能的角度分析。政府(多重部门的预算权威)仍然代理了财政的职能，财政调整的难度没有显著降低。这正是市场失效放大的主要原因。按照先后次序，实现财政调整要设定三个层次，第一层为"守夜"，政府所必须的公共安全和管理支出，国防、警察及行政管理；第二层为可持续发展的调整，教科文卫、社会保障、环境保护；第三层是严格意义上的救治失灵的调整，提供有形的公共产品、反垄断、提供信息服务。财政调整还应当包括与三个层次相关的制度调整，这才是历史形态意义上的财政调整。

三、当代财政制度的基础：财政分权及其他

1994年的分税制财政体制改革后财政分权的模式是，中央对地方依据税收返还和当年"两税"递增率及1：0.3的系数计算中央"两税"返还。这种方法实际上存在重复折扣问题，会致使"两税"返还系数逐年降低，意味着中央实际上每年都在改变"两税"分配比例。这种财政分权影响了中央与地方分配关系的稳定。那么划归地方的税种又是何种情形呢？1997年，中央财政将原划为地方税种的金融行业的营业税率由5%提高到8%，提高的3%归中央财政。与其说是为了配合彼时的经济"软着陆"，勿宁说为了多取得中央收入。这显然违背了税收中性的原

则，要抑制过热，只要动用一下利率就可以，何必冒饱受地方攻击的风险，一易再易财政体制呢？这种论点被2002年的所得税分享改革证伪。所得税分享改革没有当时就达到所设想的六四分成或七三分成的目标，是因为东部沿海地区的反对。仅就现在的情况而言，东部地区认为应稳定目前五五比例，中央不应再增加分成比例，保持相对稳定。这两个案例似乎在说明，财政分权缺乏稳定性和科学性，抑制地方政府培植财源的积极性。

下放部分中央政府支出和税收的权力，赋予地方上更多的资源决策权，可以明确地方公共部门的职责并提高其服务效率。为实现这些潜在的收益，必须很好地设计和实施权利下放计划，建立有效的地方政府职责体系，否则地方政府将错误地使用或浪费资金。财政支出与收入的平衡，应作为衡量地方政府服务的质量标准之一。对于财政分权的担心主要来自于两方面：分权过度和分权失效。分权不足是现实情况，这种担心是不必要的。分权过度会陷入计划财政"一放就乱"的怪圈。由于分税体制的不稳定，地方财政权力经常受到褫夺，而分税体制不稳定则主要源自中央财政的扩张。1998年以来，这种扩张更加明显地体现为财政政策的扩张。《预算法》中规定地方没有发债权力，所以扩张性财政政策倒逼中央财政收入增长。对于中央财政来讲，最简便的办法就是通过增加共享税中央政府分成比例的办法实现。尽管遇到地方政府的阻力，但是中央政府这样做的成本仍然比较小。中央财政同样遇到来自部委的压力，这种压力通常是要求超脱于财政管辖之外的分配权，而这种压力是持续的。对于地方政府的权利下放有不同的程度和形式。前提仍然是分税的财政体制。中央从地方集中的财政收入，扩大了纵向转移支付的基础，这也许会成为财政分权成功的基础。因为任何一项财政改革必须要有初始化的财政资源，有分权前中央财政集中的财力，理论上可以保障中央财政不必在新一轮的分权中做到只有再度汲取地方收入才能维系正常的收支活动。相反的是，理性的中央财政会采取财力补助措施，保障因分权而可能出现的地方公共产品供给不足。中央政府下放其对地方承担的责任时，它必须确保地方有足够的财政资源(含政府转移支付)。1994年的财政分权——分税制财政体制，地方政府已承担了更多的责任和采取了积极的措施改进地方服务。但是财政支配能力和管理能力的缺失，使地方政府不足以满足对日益增长的公共服务的需求。

省以下的财政体制存在的主要问题是政府间的职能与财政分权不对称。上级政府承担的财政支出，以各种形式转嫁给下级政府，然而组织税收的权力，却很小心地放在上级政府的保险柜里。司空见惯的情形是，省、市级政府委托县乡政府承办的事务，却没有足额安排对县乡财政的专项拨款，而是要求县乡财政配套资金缺口。由于在充实社会保障、反贫困、环境保护方面的中央政府职能仍处在扩张过程中，过度的财政集权使经济决策的系统性风险增加。扩张性财政政策要退出，面临着没有完工的国债投资可能成为沉淀成本的主要问题，这也加大了地方项目的风险。地方政府必须遵循负责的财政政策，否则财政赤字的全面增加或中央政府对败绩地方政府的"冲销"将产生宏观经济动荡。

与中央——省级财政分权对应，省级政府应对省以下各级政府财政分权负责。省对下的财政分权必须点破三个基本命题：缩小财政级距差异、历史惯性的转移支付和行政成本最大化原则。

缩小财政级距差异。缩小公共保障能力的财政级距差异。省以下地区间人均财力差距较小的地区，适当降低省对下财政收入集中程度，保证基层财政有稳定的收入来源，调动基层政府组织收入的积极性；省以下地区间人均财力差距较大的地区，适当提高省对下财政收入集中程度，并将因体制调整而增加的收入用于对困难县乡的转移支付，调节地区间财政收入差距。

历史惯性的转移支付。确定省对下的转移支付，首先用定员定额的预算编制方法，合理测算所属市级、县级机关事业单位职工工资和政权正常运转等基本财政支出需求，县乡财政收入不能满足基本财政支出需求部分，省级财政通过转移支付加以解决。这种方法要遵循历史惯性的原则。

行政成本最大化原则。2000年以来，迫于解决拖欠乡教职人员工资的压力，许多县级财政将乡镇一级的教师工资上收统一发放，教育支出统一安排。教育支出占乡镇财政支出平均水平在60%以上，上收这一财政权力，乡镇财政实际存在的意义已经不大。从制度设计上，对经济欠发达、财政收入规模较小的乡镇，其财政支出可由县财政统筹安排，以保障其合理的财政支出需要；对经济较为发达、财政收入规模较大、财政收入增长能够满足自身支出需要的乡镇，实行相对规范的财政体制，以调动其发展经济和增加收入的积极性。

本文发表于《中国经济时报》　2004年7月5日

转轨经济、软预算约束与财政分权

关于财政联邦主义的经济理论一直强调财政分权在促进公共产品和提供公共服务方面的作用。这一思想有两个来源：一个是哈耶克曾在讨论社会知识的使用时强调地方政府在获得地方信息方面有着明显优势，这种优势使地方政府与中央政府相比能提供更适合地方需要的公共产品和公共服务。第二个思想来源是蒂伯特，他在他的文章中提出地区间竞争这一概念，认为这种竞争提供了一种促使地方政府不断改进公共产品和公共服务以更好地满足地区居民偏好的机制。正是在这些思想基础上，马斯格雷夫创建了财政联邦主义这一理论，强调合适地在不同级别政府间分配税收权利和支出责任对于全社会的福利改善有着重要意义。之后沿着这一方向的研究大大丰富，众多理论与实证文献都证明了财政分权至少在经济效率上有着明显的积极因素。尽管财政分权在现实中更多地发生在发展中国家，尤其是转轨国家，但已有的研究没有将其与转轨经济的具体环境结合起来。本文试图以转轨经济中的一个突出特点——软预算约束为背景来分析财政分权可能具有的经济效率因素。

一、我国的转轨经济环境与软预算约束

在转轨经济中，进行分权化改革遇到的第一个严重问题就是各预算单位的软预算约束问题。在原有的中央集权的计划经济体制下，财政集权的结果之一是全社会投资领域存在严重的软预算约束问题。对中央集权的社会来说，因为信息和监督问题非常严重，中央政府与实际经济部门之间的信息、激励和监督问题难以克服。一方面，地方当局及微观经济单位的情况千差万别，当管理幅度太宽、管理链条太长时，中央政府就不可能准确掌握地方政府和微观单位的不同情况及其变动，更不要说能提供合适的激励和约束机制了，各行为主体的软预算约束问题普遍存在。另一方面，在中央集权的体制之下，地方政府和企业也没有积极性和一些必要的客观物质条件来充分利用地方资源，以达到最优的生产效率。所以，最终的结果就是全社会的生产效率低下，人民的生活水平不能提高。在我国，伴随着国有企业的下放，财政体制也相应需要做出调整，一部分财权需要下放。但因国家并没有放

弃重工业优先发展战略，企业和财权的下放并不意味着原来实行的一整套计划体制的变更或放弃，基本的计划体制仍然得到有效维持。在基本保留计划经济体制的制度背景下，权力下放就会很容易因为行政隶属关系的变更而割裂各地区、各企业之间原有的经济联系，生产的前向和后向联系就会中断，供应其他地区或企业的产品找不到出路，需要其他地区或企业供应的产品来源受到限制，由此而造成严重的地区分割和各地重复建设问题，最后反映到中央的信息就是生产生活资料普遍短缺。在这种情况下，中央不得不特别注重积累与消费间的关系，以平衡资源在重工业和轻工业之间的分配，希望不至于出现因短缺而导致严重的社会经济问题。因此，在最初的分权状态之下，由于反映供求状况的市场价格指标和计划数量指标都不存在，地区分割和自求平衡的结构必然导致全国范围内的经济结构失衡。虽然中央后来通过关注积累与消费间的比例等宏观问题(具体表现为注重财政、信贷和物资平衡)，在权力下放的同时注意保持中央的部分控制力(具体表现为权力的下放通过各主管部门进行)，但仍无法从根本上解决计划经济体制中普遍存在的软预算约束问题，资源配置低效率的结果仍在持续。

事实上，软预算约束这个从我国财政分权改革开始之初就必须解决的一个问题即使到今天也仍然存在。实行财政承包制期间，额外的政府补贴要比额外的收入上缴远为普遍，这说明在中国中央政府与地方政府间的关系中，软预算约束问题比政府掠夺要严重得多。

二、财政分权与软预算约束

钱颖一认为，要想使分权化的财政体制发挥作用，政府不仅必须有动力对积极的市场行为给予鼓励和支持，而不是自己占有和使用大量的社会资源(即诺斯所讲的政府掠夺)，并且还必须有动力对坏的市场行为进行处罚，这就是对所有市场主体的市场行为强化硬的预算约束。而政府间财政关系的确定则是保证政府官员按照市场规律行事的重要条件。财政分权所确定的政府间财政关系在保证政府官员保护和培养市场方面提供了有力的激励和约束机制，这一点在内战时期的美国和当前的中国财政改革中得到了很好的印证。

高于对中央政府的边际价值，对地方政府来说关系更大。当地区间为促进和吸引私人投资的竞争而提高投资的边际价值时，地方政府就没有那么大的动力去救助出现问题的国有企业，也就因此而硬化了企业预算约束。因此，需要进一步分权，以使地方政府有足够的财力和自主性去支持本地区基础公共物品和服务的提供，从而提高本地区对以市场机制为主的私有经济的吸引力，进一步降低经济中软预算约束的程度。

软预算约束问题在财政进行一定程度的分权化改革之后仍然存在。并且，要注意的是，上面的讨论是财政分权能够硬化企业的预算约束，但未必能够硬化地方政府的预算约束。但事实可能会完全相反：给予地方政府支出自主权会使地方政府的投资行为扭曲化，因为地方政府想从中央政府得到更多的资金。此外，更多的支出责任使地方政府有取得预算以外收入的动机，下放的财权又使地方政府有取得预算以外收入的权力，这事实上为软预算约束提供了更大的空间。

三、目前我国政府间财政关系的不稳定性

我国在财政体制方面的制度供给有着明显的失衡，这既体现在财政体制本身，又体现在与财政分权相匹配的相关制度上。姚洋等对此有非常中肯的归纳。他们认为这主要表现在三个方面，即财政分权没有法律保障、财政分权和行政垂直集权矛盾以及分权制度本身不规范。首先，政府间的财政关系缺乏宪法和法律保障。中央和地方迄今为止的所有财政关系调整都是根据中央的"决定"、"通知"来传达和执行的，而没有法律的规范。在财政关系的具体调整中也缺乏相应的法律依据，比如1994年

实行分税制以后最重要的税种——增值税也只有条例作为征税依据。由于没有法律的依据和约束，过去的财政分权方案总是中央和地方谈判妥协的结果。同时，由于制度变迁的主导者都是中央政府，在没有法律约束的情况下，中央政府也可能根据自己的利益来调整方案，将所得税变成共享税就是一个例子。中国的财政体制明显缺乏内在的稳定性。第二，财政分权和政府行政垂直集权之间隐藏着尖锐的矛盾。地方政府主要领导是由上级政府任命的，其结果是下级政府只重视上级政府的行政命令，而忽视本地民众的要求。第三，财政分权本身存在许多缺陷。例如分税制没有透明、统一和公正的转移支付制度。尽管各级政府间的纵向转移支付规模很大，但这些资金的分配不透明，而且不能保证向所有地方政府提供足以满足最基本服务需要的财政资金。最大的缺陷是财政只侧重于对收入的划分，而对支出责任的划分则不明确。就主要支出项目而言，各级政府间的支出责任重叠程度很高，表面上看起来各级政府都负有责任，但在实践中往往造成事权的推诿。目前的财政体制也无法满足地方政府的需求，地方政府既没有税收立法权，也没有公债发行权，但有大量的隐性债务存在。

在制度供给失衡的条件下，财政分权会产生严重的不良后果，除地方保护主义外，还表现为上下级政府对事权的推诿、政府行政的商业化和机会主义倾向、地方公共品提供规模的小型化、地区差距的扩大以及地方政府预算约束的软化等。

四、结语

软预算约束是存在于转轨经济中的一个突出问题，它包括各层次主体的软预算约束行为，既有中央政府与地方政府的软预算约束问题，又有国有企业的软预算约束问题，以及在转轨经济环境中所存在的其它行为主体的软预算约束问题。这些都造成了相当程度的资源浪费或扭曲性使用。本文的分析表明，财政分权由于其在制度上的变革在一定程度上能够减少一些行为主体的软预算约束行为或降低其程度。事实上，我国到目前为止的财政分权改革已经在此方面起到了一定作用，如国有企业、地方政府甚至中央政府都在一定程度上受到了较改革前要硬得多的约束。这就是财政分权带来的好处，但是，也因其缺乏内在稳定性而产生了不小的负面影响。纠正目前过度的财政分权倾向，不是要把权力重新从地方收回中央，而是要增加有效的制度供给，使分权后的财政体制更具有内在稳定性。这种有效的制度供给包括地方政府与中央政府的财权与事权的合理均衡划分以及地方政府官员的产生办法等。

本文节选自《中南财经政法大学学报》 2006年第2期

"变通"抑或"陷阱"：国内需求的财政政策权变

20世纪70年代以后的20多年里，当东南亚经济发展的势头犹如雨后春笋一般节节拔高时，中国庞大的需求市场刚刚开始展露出其无可比拟的吸附和集聚潜力。真正中国经济增长的写意笔法，使亚洲金融危机的洪流终于无法蔓延。这宣告了中国经济在亚洲地区引擎和稳定的龙头，也预言了内需政策在一个大国经济中的主导地位：统计数据显示的经济增长构成贡献因素中，来自国内需求的比率部分在稳步提高。分工与专业化的全球经济格局中，无论从比较优势看，还是从规避国际经济发展的风险看，坚持以内需为主导、有效地利用内源性要素，必然成为我国经济发展的基本立足点和长期战略。这样一种战略，有利于引导我们更加注重发展比较优势，提高国内外两种资源的利用效率，走集约式发展道路；有利于扩大进口满足内需，改变粗放的出口增长模式，减少国际贸易磨擦；有利于在复杂多变、不确定因素日益增加的国际经济环境中，增强我国经济发展的选择和回旋余地；有利于抓住战略机遇期，提高我国的综合国力。扩大内需是推进我国经济增长方式转变，实现新一轮经济快速增长的关键。作为国家宏观调控的重要职能，应加快财政改革发展，完善各项财政政策，拉动国内需求的节律持续增长，为建设和谐社会和实现全面小康服务。

一、为什么国内需求主导21世纪的经济增长

构成GDP增长的"三驾马车"当中，投资与消费属于内需，出口属外需。经济制度背景、资源禀赋、所处的工业化阶段和历史发展轨迹决定了国家经济发展的主驱动力，因此有外需主导的国家发展模式，也有内需主导的发展战略。就我国而言，内需是21世纪推动经济持续增长的关键。内需主导的经济发展战略首倡立足资源禀赋。我国具有至为重要的三项内需主导禀赋：人力资源、差异化的市场和后发优势。13亿人口本身就是庞大的市场，丰富的劳动力资源支撑起空间巨大的国内消费。适龄劳动力持续增长，不会带来劳动力成本的代际上升。经济发展阶段、地域和文化的多样性，使国内不同地区间具有类似国际的比较优

势，经济互补性很强。21世纪初期和中叶，经济仍将处于推进工业化和城市化为主要特征的高速增长期，"后发"效应持续，消费结构升级所创造的需求将持续拉动经济增长。虽然面临资源能源消耗巨大、土地和劳动力成本上升、环境压力加大等一些制约因素，外需仍无法替代内需成为经济增长的关键。

由经济制度变迁释放的外需增长激增，已经逐步被消融于经济增长的常规发展之中。单纯追求外汇增长的管理目标被宏观经济协同发展目标所取代，计划经济时期经济超常规发展的驱动力也不复存在。更近的研究指出，入世效应带来的经常性贸易顺差和人民币汇率升值预期带来的外需增长将很快为购买力平价所平衡，经济增长在一定程度上借力于外需终将是不稳固的。统计结果也印证了经济制度转轨中不同变量对增长贡献率的变化，贸易顺差占总需求的比重很低，根据1978年~2005年我国经济增长三大需求相关性分析，对经济影响最大的是投资，其次是消费，净出口最小。

近几年经济增长过度依赖外贸的现状，需要通过国内需求的增长来防范和化解可能带来的风险。上世纪90年代，我国的外贸依存度一直在30%上下波动。1996年~1999年间，我国的贸易依存度低于世界平均水平，在中等贸易依存度国家当中属于最低位。本世纪以来，外贸依存度急剧升高，大大高于世界同期水平，2005年达到64%。美国、日本、巴西、印度等国家1980年~2001年之间该指标平均波动幅度为14%~20%，最高的年份也一直没有超过30%。尽管有汇率、贸易结构、统计口径等一些争论，但我国外贸依存度明显偏高是不争的事实。在剔除了微观层面套汇的行为（压低出口商品价格与调高利润以流入外汇）后分析，出口结构中多数是劳动力与资源密集型的产品，粗放型数量扩张导致经济福利输入与输出严重不对等。维持外贸高增长对我国技术进步、经济安全和资源的可持续已经构成威胁。

国际经济环境存在的不确定性，使得内需在我国经济发展中的重要性日益突出。尽管世界经济对美国的依赖正在减弱，但美国经济的影响力无法躲避。领头羊经济增长的脆弱性正在改变国际市场的预期，美国正面临"双赤字"、养老金体系难以持续、产业外移后结构升级困难等问题，如果不能在吸收国际资本流入来平抑巨大的贸易逆差和维持国内资本市场之间取得平衡，美国经济将给世界经济带来巨大的冲击，我国经济无疑会首当其冲。由此带来国际金融体系不稳定——如果美元持续走软，将增加人民币升值的压力。如果人民币升值的幅度和时机把握不当，会对我国外贸出口、产业结构调整甚至金融安全造成较大冲击。国际贸易保护手段日益多样化，环保、知识产权等问题将成为我国对外贸易发展的新制约。对外需依赖的脆弱性将要增加经济发展的泡沫，无论从何种希冀出发，购买力平价最终平衡了外需增长的短暂激增。如果把眼光深陷于短期贸易利益中，21世纪宏观经济的大势反而看不清晰。比较优势和规避经济发展的风险时常在提醒我们，坚持以内需为主导、充分有效地利用内源性要素加快发展，必将成为我国经济发展的基本立足点和长期战略方针。

二、内需导向型财政政策选择：宏观政策认知的变通？货币政策的陷阱？

侵消货币政策天空氤氲的往往是普遍式的财政政策阳光。单纯过于松动或者紧张的货币政策常常置货币流动性于难控的境地，与缺乏货币政策工具的情形一致，不够完善的资本市场减弱了金融产品多样性。然而控制货币流动性更为核心的冲突来自宏观经济的结构性因素，在改善国内需求的结构和质量的努力中，货币政策似乎缩手缩脚。存款准备金、利率和央行票据失效之时，就是祭出财政政策之始。自上世纪90年代以来，以财政政策为主导的经济宏观调控经历了三次大的转型，财政政策取向经历了紧缩—扩张—中性的转换。最近一轮的宏观调控始于2003年，货币投放增长过快和社会的投资规模庞大引发宏观经济中不健康、不稳定的因素显现。尽管持续高投资风险在增加，货币政策并没有及时降低货币供给的速率，当已经演绎成为问题时，过剩的流动性涌入房地产的开发和投机，这无疑加重了国内需求结构的不协调。货币政策对于当下的流动性过剩似乎束缚了手脚：非但无益于调整内需的结构，且反向激励了投资的激增。然而，过剩的流动性并没有流向待改善的产业部门和待鼓励的潜在消费需求：管理部门和经济学家也已注意到2006年第三产业所显露的疲惫之态，主要原因是来自该产业的投资乏力和消费结构落后引起的消费不足。

保持相对稳定的汇率制度造成货币政策新的压力源。外汇储备的持续增加强化了人民币升值的预期，而这种预期可能会在短期内使外汇储备持续快速增长；外汇储备的供给相应形成国内货币的供给也就是流动性的增加，最终宏观经济所表现出的过剩流动性显然与央行的通货膨胀目标形成冲突。在传统的货币政策工具里，此时是可以选择提升利率作为反向的操作手段，但是利率的提升会进一步加强人民币的升值预期。利率工具所能影响到的微观经济主体多是能从银行获得贷款的国有企业，它们对于利率的敏感性并不很高，所以利率的提升可能无法达到预期效果，反倒给银行体系造成潜在风险，进而甚至可能导致通货紧缩的后果。流动性供给增速加快的压力一部分来自于经济内在结构的不合理性：显著的问题是内需与外需的构成不尽合理、国内需求的结构性困境与需求质量待改善，使新增的流动性无法流入到需要资金支持的领域中（如产业结构的升级），而是流向了利润率高于平均利润率的产业，如房地产业和证券业这样的领域中。显然，这将会影响到经济的稳定发展和健康增长。就我国目前的经济发展阶段而言，快速的经济发展需要经济中较多的流动性给以支持，如果经济结构有更好的调整，内需的结构和质量得到改善，货币供给的增加并不一定会产生较大的通货膨胀压力。经济结构调整和宏观政策选择的困境，让我们看到货币政策挣扎于"流动的陷阱"中而左右为难。货币政策的限度，仿佛看到了重新评估财政政策的意义：以需求为导向的财政政策是否应成为引领宏观经济的主要政策层面？

财政政策改善经济结构、矫正流动性过剩的"杀手锏"在于治理国内需求的结构矛盾，改善的过程是为"短腿"公共产品的融资和为制度改革注资的过程。

第一，财政政策是疏通国内需求释放渠道的核心环节。我国高速经济增长面临的严峻挑战是资源、环境约束增大了经济成本；协调发展和社会和谐受到威胁；体制改革滞后，抑制经济增长的活力，这些制约了经济内在增长机制形成。驱动今后5-15年的国内市场需求，必须积极推进国有企业和国有资产管理体制改革，财税体制、金融和外汇管理体制以及投资体制的改革，土地和其他重要资源价格形成机制和环境补偿机制改革，社会保障体制的改革，为经济发展注入强大活力。这些改革和社会问题的核心就是财政体制的改革、财政政策的调整和实际财力上的支持。

第二，财政政策效果的选择重于宏观经济的"势"。财政政策与货币政策同为宏观调控的基本工具，货币政策长于总量调节和币值稳定，政策手段简单，对需求的调节作用比较间接和宽泛，是"中药"。财政政策手段丰富，直接作用于总需求，有效地进行结构调整、收入分配调节，是"点打"。宏观经济的短期总量调控更多是运用货币政策，在此过程中注重财政政策（国债发行、赤字规模等）的稳定性，为货币政策提供稳定的运行环境，减少不可控性和不确定风险。

第三，财政政策是综合性的政策工具。财政政策涵盖涉及社会和经济领域的所有公共性问题，主要是推动经济的长期稳定增长和保障社会的安全稳定这两大方面。在保障社会安全稳定方面包括国防与安全、社会公平、社会保障、教育等方面政策；在推动经济长期稳定增长方面包括与货币政策的配合、财政本身的可持续性、提供公共品与公共支出、环境保护等方面政策。

第四，财政政策关注促进经济增长的长期性和公共性。作为宏观经济管理的重要工具，财政政策从注重总量短期平衡为重点，转为促进经济长期稳定增长为重点。财政政策更加注重提供公共产品和公共服务，注重在加强教育促进人力资本积累、促进技术创新和提高行业技术水平、改善经济结构、保护环境资源等推动经济持续稳定增长的动力因素方面运用财政政策。对于短期波动问题，只是在十分必要时才运用财政政策进行总量调控。财政政策作用领域的公共性保证总体框架的完备，在保障必须提供的公共服务方面，不仅包括一般意义的公共产品和服务，还包括帮助竞争性企业抵御不可抗拒的冲击、化解金融风险等公共性事务。

本文发表于《中国经济时报》 2007年3月15日

缓释内需须谨防四缺口模型

21世纪最初的一次宏观调控，成功地使中国经济摆脱了通货紧缩，又预防了通货膨胀，保持了良好的发展态势。2006年，我国国内生产总值已经达到20.94万亿，经济增长连续四年达到或略高于10%。

三大因素使可持续增长成为中国经济发展面临的新挑战：经济增长所依托的资源和环境的约束加大，增长成本上升；城乡差距、地区差距拉大，协调发展和社会和谐受到威胁；体制改革滞后，计划经济体制余威尚存，市场机制在激发经济增长活力的同时，不时地显现其"短腿"和"多足"的负面。凡此三者，引致国内市场需求难以缓解和释放，内生的经济增长机制无法最终定型。

21世纪中国经济增长的终极驱动力来自国内市场需求，必须积极推进国有企业和国有资产管理体制改革，财税体制、金融和外汇管理体制以及投资体制的改革，土地和其他重要资源价格形成机制和环境补偿机制改革，社会保障体制的改革，转变政府职能，为经济发展注入强大活力。而所有这些改革和社会问题的解决，核心就是财政体制的改革、财政政策的调整和实际财力上的支持。

在宏观经济政策的层面上，选择可持续的发展战略等于选择了需求导向型的财政政策。力鼎国内以需求为导向的宏观政策，首先应当改善财政政策"四缺口模型"。

缺口一：结构调整。长期以来，对经济进行反周期调节，比较注重总量的变动、防止通货膨胀、化解紧缩压力，保持合理的经济景气指数，没有系统地考虑结构的调节。经济增长虽然总体维持在一个比较高的水平上，但结构性问题仍然比较突出，内在的增长机制还没有完全建立。

缺口二：收入分配。收入分配状况直接决定社会的投资需求与消费需求的实现。按照公共财政理论，调节收入分配是财政的重要职能，但目前政府在收入分配方面的调节干预力度过小，社会基尼系数达到0.45左右，使收入分配没有对促进消费增长发挥应有的作用。

缺口三：自动稳定器。将解决短期波动与长期结构调整问题结合起来，方能对内需产生持久深远的效果。在过去十年的财政政策过程中，相机抉择的调节政策取得了明显的成效。就国情而言，市场经济体制建设启动比较晚，制度基础不扎实，自动稳定器调节机制不健全，客观造成经济波动的放大，给宏观调控带来不必要的压力。

缺口四：消费预期。消费需求作为最终需求，是经济增长的终极和阻止经济剧烈波动的稳定力量。既往实施的扩张性财政政策，对投资需求的调节效果比较明显，对于消费需求的调节差强人意。投资主导拉动的经济增长，容易出现剧烈的波动，非常不利于经济的持续稳定增长。

中国经济增长的历史性课题是结构调整和增长方式转变，萦绕于目前则是开放性经济条件下货币供给过剩和货币政策乏效。无论疏解哪一项困境，扩大国内需求都是宏观经济的一条必由之路，实行内需导向型财政政策恰是通往辉煌前景的不二法门。当重归改善制度之路时，我们或许会发现，内需导向型财政政策的要义在于培育增长机制。

本文发表于《英才》　　2007年7月4日

多维视角下财政分权分析框架:基础、演化、功能、组织、绩效(BEFOP)

研究财政分权问题，构建科学、全面的分析框架至关重要。财政学与政治学科、管理学科的关联度较大，单纯从经济学的角度出发很难得出令人信服的结论。寻求三个学科的结合点，在多维视角下构建财政分权分析框架显得尤为重要。本文构建以五分法为框架的分析方法，试图从一个更为广阔的视角研究财政分权问题。以分权制度演化为切入点，把政治权力的分立和制衡作为构建中国财政分权问题的基础（BASE基础）。以制度演化为出发点解析中国财政分权进程，将财政分权的演化过程内嵌于转型进程中解析。我国财政分权制度的演化，是随着经济制度转型的演进而推进的（EVOLUTION演化）。从管理效率层面判断财政分权内生的和被赋予的功能将进一步拓展财政分权思想的发展(FUNCIION功能)。分析框架对财政分权制度进行动态研究，以进化的组织理论对财政分权形态作具体研究(ORGANIZATION组织)。衡量财政分权化改革必要性与适度性的标准是财政分权的绩效评价(PERFORMNCE绩效)，研究财政分权的最终归宿是制度改进。基于这一思想，可归纳为基础——演化——功能组织——绩效(BEFOP)的分析框架。

一、财政分权的制度基础

政治含义的分权通常可以归纳为两个现实问题，一个是政府和人民之间的权力和权利界限问题，一个是政府内部各部门的权力划分问题。这两个问题的不断深化，推进着政治权力分立和制衡的演进。建立在政治权力分立和制衡基础上的财政权力的分立和制衡同样是对这两个现实问题的回答。

我国是双元复合的财政分权。很大一部分国内学者都把"财政分权"理解为中央政府与地方政府以及各级地方政府之间在财权和财力上的划分，或者是将其等同于处理政府间财政关系的一种手段。实际上，完全意义上的"财政分权"包括政府向社会（交付社会配置的资源，也即市场化的公共产品）的分权和政府内部财政分权两大方面的内容（图1）。我国当前的财政分权是双元复合的，同时包含政府向社会的分权和政府内部的财政分权两方面。

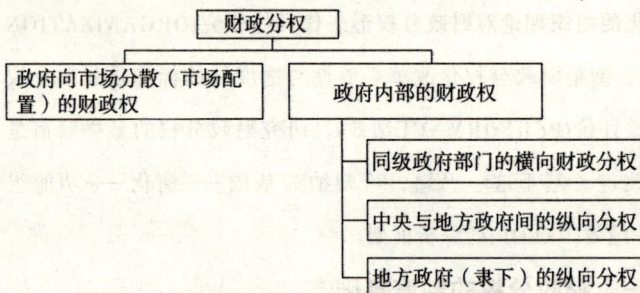

图1

由于市场化进程的先决条件，我国政府向市场分权与政府内部的财政分权这两个过程交织在一起，存在较强的联动效应。如果政府向市场分权不到位，政府职能必将界定不清，出现政府职能"越位"或"缺位"的现象，将严重影响政府内部的财政分权；而政府内部的财政分权处理得不好，也会反过来阻碍市场化改革的进程，进而使政府向市场分权与政府内部的财政分权这两个过程陷入恶性循环。

非正式规则及其发展方式也是财政分权改革的决定性因素之一。政府间分权作为正式制度的一种安排方式，往往是由国家或政府推动的强制性制度变迁。尤其需要强调的是，非正式规则为正式规则提供了重要的合法性（或社会正统地位）。一种理性、符合社会发展的制度替代，需要与可能兼容的价值观念、伦理道德、思维方式相适应。没有非正式规则的改变，正式规则变革的实施就会极不稳定供求状况的市场价格指标和计划数量指标都不存在，地区分割和内求平衡的结构必然导致全国范围内的经济结构失衡。无法从根本上解决计划经济体制中普遍存在的软预算约束问题，资源配置低效率的结果仍在持续。所以这种分权不可能是稳定的，进一步面向市场的分权是必需的。演化的第二阶段是不稳定期。在经过第一阶段的分权之后，计划经济体制中普遍存在的软预算约束问题仍然广泛存在，表现为政府间财政关系的不稳定性，不同层级政府间讨价还价。除了软预算约束问题仍然存在之外，中国在财政体制方面的制度供给失衡还体现在中国财政分权主要是针对政府间财政分权而言，而部门间的财政分权至今没有真正进行。

二、中国转型经济的演进与财政分权演化

以制度演化为出发点解析中国财政分权进程，就必须将财政分权的演化过程内嵌于经济转型的进程中进行解析，因为我国财政分权制度的演化，是随着经济制度转型的演进而推进的。经济转轨进程中财政分权的演化逻辑是四段式的。财政分权的演化起点是中央集权。在原来中央集权的计划经济体制下，财政集权的

结果之一是全社会投资领域存在严重的软预算约束问题。

在最初的分权状态之下，由于反映供求状况的市场价格指标和计划数量指标都不存在，地区分割和自求平衡的结构必然导致全国范围内的经济结构失衡。无法从根本上解决计划经济体制中普遍存在的软预算约束问题，资源配置低效率的结果仍在持续。所以这种分权不可能是稳定的，进一步面向市场的分权是必需的。演化的第二阶段是不稳定期。在经过第一阶段的分权之后，计划经济体制中普遍存在的软预算约束问题仍然厂泛存在，表现为政府间财政关系的不稳定性，不同层级政府间讨价还价。除了软预算约束问题仍然存在之外，中国在财政体制方面的制度供给失衡还体现在与财政分权相匹配的相关制度上，即财政分权没有法律保障、财政分权和行政垂直集权矛盾以及分权制度本身不规范。说明这时财政分权仍然是处于变化过程中一个短暂的稳定点上。随着制度供给的完善化，分权化财政体制有可能在内部结构上实现均衡，进入分权演化的第三阶段：相对稳定期以及后分权时期。以一定财力保障为基础的事权与财权统一是财政体制达到均衡的条件，是中央与地方财力划分达到稳定状态的基础。我国目前阶段的分税制不够稳定的原因就在于地方与中央在财权与事权划分上不均衡，收入在较高一级政府集中而支出在较低一级政府集中是目前财政体制不完善的一个突出表现。经历了在政府和市场间、各级次政府间的事权和财权分立并步入成熟的过程，最终还要对部门的职能和财力在更高的层次上作进一步安排。财政分权演化的第四阶段是向线性政府部门的分权：一级政府内部各部门间的财政分权即线性政府部门的分权。在我国，财政分权主要是针对政府间财政分权而言，而部门间的财政分权至今没有真正进行。

三、来自于功能层面的财政分权研究

财政过度分权和过度集权都会带来问题。改善中央与地方关系并非就等同于尽可能向地方政府分权，而是如何设计政府部门分权结构以改善分权的效率。尽管存在最优的财政分权假说，但没有普遍适用于各国的最优财政分权模式。

1.财政分权的合意度假说。衡量财政分权是否合意的标准就是财政分权是否已经达到了帕雷托有效，或者说是否存在帕雷托改进的余地。然而这一标准过于抽象，下面具体从三个角度衡量财政分权的合意度：一是公共产品提供的边界。即与中央政府掌握的每单位财政权力相比，向地方政府每增加的单位自主财政权是否有助于改善地方性公共产品的质量和数量。二是经济增长。考察进一步分权对经济增长的贡献程度，分权是损害了经济增长

还是促进了经济增长。三是制度创新的负激励。首先，分权关系的进一步发展不应阻碍制度创新或演化；其次，假如现有的制度不变，分权关系的进一步发展不应导致逆选择：地区封锁、过多设置税收优惠、分税的混库行为以及过分关注地方税增长。

2.财政制度（核心是设计和组织适用的税收制度）竞争构成政府竞争的主要内容。竞争是激发管理效率不可或缺的环节，政府竞争是推动财政分权追求效率的重要力量。政府竞争包括纵向竞争和横向竞争，财政制度（税收制度）竞争的背后实际是政府间竞争。在中央政府和地方政府之间、上级和下级地方政府之间，存在着财政权力和政治好处之间的交换。在同一级次的地方政府之间，存在着对于实现经济增长所必需的生产要素的竞争，也就是格尔施(Giersch)意义上的区位竞争。中国各级地方政府目前兴起的一轮以建立服务型政府为指向的政府管理改革的浪潮，也是一场不得不进行的改革，因为其背后同样是不可抗拒的地方竞争的激励。

3.如何有效提供辖区内公共产品。财政合理分权的功能以有效提供辖区内的公共产品为准绳。政府间纵向分权的一个主要依据是不同受益范围的公共产品的存在，公共产品的层次性理论为分析各级政府行为的目标提供了必要的依据。中央政府和地方政府作为不同的公共产品提供主体，适应公共产品的多层次性的需要，有效地满足全社会的公共需要，最终达到公共产品配置的帕累托最优状态。

4.政府财政规模关系公共物品的决策成本。公共物品的决策成本取决于政府财政规模。中央与地方政府财政规模的合意度选择是提高财政分权管理效率的重要方面。选择对中央和地方财政分权的临界点分析。中央政府和地方政府公共物品提供的一般均衡。社会所拥有的中央政府和地方政府的生产能力，最终数量分别为正和露，社会将资源配置在这两种公共物品的提供方式上。通过交换，社会不可能在不影响一种方式公共物品提供量的条件下使得另一种方式公共物品提供量得到增加，从而实现帕累托最优生产标准（生产的一般均衡）。

财政分权只有基于地方政府与中央政府之间、不同辖区地方政府之间能有效地分工合作这一前提才会发挥作用。所有公共品和服务单一由地方政府供应时，同样会导致无效的资源配置。由于规模经济、外部性、税制效率、税收转移和管理成本问题普遍存在，适度集权是必不可少的，例如当前中国努力推动的国库集中收付制度。

四、财政分权的组织形态

对财政分权制度进行动态研究，以进化的组织理论（惯例作为基因，分权的变动关系为变异）对财政分权的具体组织形态作进一步研究。

1.用进化论解析财政分权制度及其组织形态的自然选择和复制。财政分权的具体组织形态无疑将随着财政分权制度的自然选择和复制进行相应的选择与复制。其中各阶段财政组织形态的共性是"遗传"下来的，具有可遗传的特征，通过基因在以后的阶段得到复制，而基因是包括惯例、习俗和行为信念在内的非正式规则；每阶段财政组织形态的特性是"变异"的结果，既受本阶段所处经济环境的直接影响，也受推陈出新的客观要求影响，由新因素取代旧因素。变异包括可遗传的变异和不可遗传的变异，前者将在以后的阶段得到复制，后者只是本阶段的专有特性，它对于以前的阶段是变异，对于以后的阶段将不被遗传。

2.依据公共产品的提供层次划分财政权力是市场经济体制下财政分权的自然选择和复制。不同层级的政府提供不同层次的公共品，这是市场经济条件下财政分权的共性"遗传"，是财政分权的自然选择和复制。从理论上讲，确定某一类公共品是由中央政府提供，抑或由地方政府提供，通常取决于四个原则：效率原则、受益原则、技术原则、内在化原则。这四个原则是依据不同层次提供公共产品来划分财政权利的财政分权的共性"遗传"因素。

3.存在与市场经济体制下的财政分权制度相适应的三种基本财政分权组织形态。分税制、转移支付和地方性公债是与市场经济体制下财政分权制度相适应的财政分权的基本组织形态,是市场经济体制下财政分权组织形态的共性基因。

五、财政分权绩效的国别化考校与我国财政合理分权

进行财政分权制度研究,衡量财政分权化改革必要性与适度性的最终归宿是财政分权的绩效考评与制度改进。建立在国别化考校基础上的绩效考评更具全面性、客观性与借鉴性。

1.财政分权绩效的国别考校

美国模式:美国政府间转移支付制度在实行纵向与横向两个财政平衡方面发挥了重要作用。通过这种有条件拨款形式,联邦政府可以有效地介入地方事务,保证了各地方能够提供达到一定水准的公共服务。专项拨款较好地体现了联邦政府的政策意图,也较好地解决了地方公共产品的外部性问题,另外,在美国有一套科学的指标来计算各地实际所需的转移支付数额。这样就最大限度地减少或避免了地方政府的扭曲行为,确保了转移支付额确

定的客观与透明。美国以立法原则代替行政干预，建立政府间财政关系。确保了政府间财政关系的稳定性，规范了各级政府的行为，可有效防止联邦政府随意转移支付责任或上收财权，确保地方预算支出的稳定性和可预测性。

德国模式：财政均衡的各层次功能分明。有基础性均衡功能有主体的中间层均衡功能，还有保底的补充均衡功能。使横向均衡后的各州财政收入能力达全国平均收入能力的99.5%以上。各层次的均衡目标非常明确。

日本模式：关注地方财政运营，保障地方财政的活力。在扩大地方自主财力的过程中，采用地方交付税的做法，先由中央政府征取税收，然后再按完善、规范的转移支付制度转移给地方。中央政府资金转移分为两部分，一部分用于平衡地区财力，另一部分用于执行中央政策。

2.市场化改革以来我国财政分权的绩效评价

总体评价之一是：中国现行财政绩效的制度基础不牢。分税制财政管理体制集权特点强烈。由于在制度上地方政府没有借债的权利，所以，地方政府没有正常的融资途径和投融资机制。但地方政府的融资行为事实上是存在的。在财政集权的体制下，政府间转移支付是保证地方财政顺利运行和平衡地区间财政收入能力和社会保障水平的唯一途径，但目前还没有一个完善的体系。平衡地区财政收入能力差异的作用受到限制。总体评价之二是：财政分权绩效不足。现行的分权化财政体制变成了实施经济发展战略的"瓶颈"，资源匮乏和管理不善的问题影响着重要公共物品如教育、卫生、农业基础设施、环境的提供质量。

3.中国财政合理分权的治理原理

财政合理分权的两大治理原理。第一，总体上财政应向地方政府适度分权。地方政府享有的税收自由度（包括税率设定方面的自由度）应该足够高，地方政府在财政上必须有相当的自主权，否则就不可能对其提供的公共服务质量负责。第二，向地方政府的财政分权不应损害中国经济增长效率。在分权化的改革过程中，保证中央政府财政有足够的宏观稳定能力是必要的，这将会影响到经济改革的持续性和经济增长的连续性。

4.中国财政合理分权的制度设计

构建全面的改革战略。政府间财政关系是一个体系，所有方面都必须相互配合成为一个整体。这个整体的改革战略包括地方政府能够较好地代表当地居民、有相当大的收入自由度、也有较多的支出责任、具有制定预算的自主权、硬预算约束和透明度。全面的改革战略：提供一个明确的政府分权化政策的目标，如根据财政均等化的理想程度这一政策目标来设计均等化补助的公式化方案，并确定用于均等化的资金规模；明确政府的部门策略以指导公共支出。

支出责任的改革要优先于收入分配体制的改革，并且事权与财权要匹配，只有在明确支出责任的基础上，才可能更有效地分配收入。立足公共服务均等化设计政府间转移支付体系，目前，可用于均等化的最大的资金来源是用于税收返还的一部分增值税收入。而"税收返还"最初是作为1994年改革中的"一种过渡性"安排引入的，从长期看，政府应当考虑同时推行均等化方案和调整税收的分配。设计适当的约束机制，简化政府结构，有必要改革分权化的行政管理结构以减少过多的层级。考虑地方政府的利益诉求（激励机制），地方政府负责为支持公共服务供应的基础设施投资融资，对提高经济增长至关重要。中央政府必须通过施加硬的预算约束让地方政府充分意识到它们必须依赖自己，为地方财政赤字融资、为地方政府的或有负债负责、弥补地方政府某项支出上的赤字，都是实施硬预算约束的障碍。

5.财政合理分权的外部环境治理。财政分权改革中核心的、实质的问题是如何按市场经济导向考虑区域和基层政府眼界下（辖区内）生产要素流动的制度安排。这必须涉及产权的流转制度、与市场化资源配置机制相适应的区域税制建设、人口流动制度和统一市场、推进工业化和城镇化相呼应的社会保障制度。

从多维角视构建中国财政分权分析框架，才能探索出更科学、全面、客观、有效的财政分权改革具体措施，一方面提高到法律与制度的层面予以规范，另一方面激励地方政府积极配合中央政府切实执行，才能真正推进和落实财政分权以提高中国财政分权的效率。再次回顾论文所采用的基础——演化——功能——组织——绩效分析框架，可以称为BEFOP分析框架(BASE; EVOLUTION; FUNCTION; ORGANIZATION; PERFORMANCE)。

本文发表于《财政研究》 2008年3期

中国的市场化现状

显然可以理解，市场化状况至少可以在资源基础配置层面上还原经济模式的本来面目，但是计量效果常常使我们遭受判断方面的损失，如果你不是经济学的精通者，汲取自统计当局的数据对你的判断能够产生多大影响力仍然是一个代数。技术方面的疑惑有两重，主观评价的变量选择权和重要程度构成了评价中国市场化程度的首要问题，另一个同样不能忽视，差异性如此广泛的存在，以至于数据的采集和样本的选取几乎要扩大到全面的统计(恰恰是严谨的学者无法依赖的，他们宁愿自己采集似乎更接近所推测的样本)。这样的技术困难和数据可获得困难并不能成为中国市场化改革进展和不足的托辞，因为市场化的动因没有消失，市场体系的健全是进行时。

财政分权的制度环境是市场与政府的关系，市场与政府的关系核心指标是市场化程度。国内的大量研究文献和统计评价体系把政府与市场的关系作为市场化程度度量的一个解释变量(子系统)，通过确定其在另外一些解释变量(非国有经济发展、要素市场配置效率、市场中介组织发育、法律制度环境、政府规模和收入的税费构成结构)中的权重标注市场化指标值，这好像把解释变量和被解释变量颠倒了位置。研究目的告诉我们，市场化程度应为解释变量，而政府与市场的关系才是被解释变量:从制度的角度，政府与市场的关系永远难以厘清，人类认知的领域，还不能突破这两种现存的资源配置方式。非国有经济发展形势令人看到市场机制的作用，2001年-2005年的统计数据告诉我们一个平稳上升的平滑曲线（《中国统计年鉴2006》）。非国有经济规模及规模以上的工业销售收入比重稳步上升，由2001年的52.59%上升到2005年的65.57%；而同期的固定资产投资占全社会固定资产总投资的比重则由52.69%增加到66.58%；同时期就业人数占城镇总就业人数的比例上升更快。尽管这样的增长速度可能在2006年、2007年得到减缓(甚至逆转)，并不否认我们持续看好非国有经济的稳健增长。需要解释的是，由于资本市场急剧有利变化的刺激和国家产业政策的导向作用，2006年-2007年的中央所属国有企业掀起了一轮并购狂潮，截稿为止，这种现象仍在强化。只要看看股票市场的蓝筹股就会发现，并购行为使得国有经济的控制能力有所强化，尽管挤兑了民营企业的资本需求，并且加剧了资本市场的急剧波动。限于统计数据的滞后，该现象的影响程度尚待证实。

至于政府的规模，仍然在膨胀的轨道上。除了理论上政府管理支出的瓦格纳法则约束外，实际发生的公共管理经费(人头办公经费)增幅很大；中国的财政供养人员显著膨胀，2001年～2005年，由1084万人增加到1208万人，从人数上看显示出无法出现"大社会，小政府"的趋势。这一现象可由中介组织发展状况加以印证，虽然中介组织的专业工作者人数绝对数增加，但总人口的相对数增长不明显，甚至有所下降(比如律师)，更令人担心的是，部分中介组织越来越成为政府机关的办事机构，其工作的独立性饱受社会质疑。这从侧面反映出政府规模在膨胀。

本文摘自《文明演化与政策秩序》 2008年6月出版 经济科学出版社

马来西亚的财政分权制度安排

　　除联邦议会对财政实施立法管理与监督外，马来西亚的财政管理权限主要集中在财政部及其归口管理的部门手中。财政部负责制定贯彻财政和预算政策，以促进经济的持续增长，提高国民经济的风险承受能力，及确保公平目标的实现。财政部设有预算司、政府采购管理司、行政司、税收司、经济与国际司、金融债务和货款管理司、总会计师办公室、住房货款司、财政管理体制司、法律司等10个司级部门，各自发挥相应的职责和作用。财政部还管理着三大部门:国内税务局、皇家关税和消费税局和评估及财产服务司。其中国内税务局作为财政部主要的税收征收机关之一，负责对直接税进行估税和对征收业务实施全面管理。皇家关税和消费税局是马来西亚的一个主要征收各种间接税的税务机关。评估和财产服务司的主要职责是为联邦和州政府机构提供评估和财产服务。

值得一提的是马来西亚经济生活中的四大法定机构,即中央银行(BANKNEGARA)、国家储蓄银行、雇员准备基金、评判委员会,都在财政部的管理之下。财政部还管理着两个发展委员会:朗卡维发展委员会,主要是监督朗卡维岛作为一个旅游胜地的发展。纳闽发展委员会,主要承担将纳闽建设成一个与其地位相称的国际离岸金融中心的职责。另外,财政部还监管着赌金计算器委员会和唐·阿卜杜·拉扎克基金会。

联邦及州政府的财政职能主要体现在其财政支出上,而政府事权的划分是确定各级财政支出范围的前提。马来西亚的宪法以联邦制国家法律常用的列举方式,用专门条款对联邦和各州的政府事务做了明确划分。属于联邦一级的事务主要包括:外交,国防,内部防务(警察、监狱等),司法及民事和刑事事务,联邦的公民和国籍与外侨管理,货币、外汇和联邦政府公债管理,股票交易,联邦税收,贸易和商业活动管理,交通和通讯,农业病虫害防治,联邦公共工程和能源供应,教育,公共出版物,医疗卫生,劳工和社会保障,土著居民的福利以及所有与联邦领土有关的事务等。属于州一级的事务主要包括:州政府服务机构,州的债务,涉及与信仰伊斯兰教的居民有关的伊斯兰法律和个人及家庭的婚姻、遗产继承、违反教规的处罚等方面的法律，土地开发和土壤保护，土地使用权管理，农业和林业事务，地方选举和地方行政管理部门设置，影剧院和其他公共娱乐设施，州的公共工程(包括道路、桥梁、河道治理、供水)等。联邦和州的共同事务包括:社会福利(包括妇女、儿童和青年人的保护)、医疗卫生和疾病的防治、文化和体育、野生动物保护、居民区的房屋建设等。

地方政府在其运转过程中，首先要履行法定职责，其次是自主提供的服务项目。至于后者的提供，要视该地方政府的财力可能。通常法定职责是指维持职能，即维持政府和社会正常运转所需的职能；而自主职能则是指发展职能，包括提供基础设施、社会福利设施、环境保护与美化、添置设备及环卫工程等服务。概括地讲，地方政府功能与财政职能基本上可以概括为五部分：环境保护职能；促进公共健康和维护环境卫生职能；执法和许可证管理职能；提供公共设施；社会福利事业和发展职能。

马来西亚十分重视加强财政资金使用管理，改进管理办法、旨在提高资源配置效率。马来西亚财政部经过多年实践总结出：作为一种财政制度，最重要的是建立一种使各方面都能有效负起责任的管理机制。为此，他们在预算支出管理中实施了项目合同办法。不仅明确财政支出的政策目标，重视资金使用的最终效果，而且增加了资金使用单位的支出责任，减少了支出分配过程中的讨价还价行为，通过财政部门与具体支出部门签订合同的办法，对其开支标准和增长幅度等支出因素进行控制。项目合同主要包括资金投入、产出和实施效率等要求，具体涉及十多个方面的内容，诸如项目名称、承担主体、批准机关、预期目标、实施战略、职责负担、资源配置、执行评估等。合理确定项目的预期目标是实施项目合同管理的重点，这一目标的确定除了考虑开支标准等固定因素外，还要参考某些历史数据，通常是用"因素加基数"的办法确定。项目合同一旦签订，对财政部和支出具体执行部门都具有约束效力，双方都要认真执行。在项目实施过程中，如果出现新的问题，原有的资金投入无法满足目标的实施，项目单位可以在充分陈述理由的条件下向财政部申请补充拨款。如果没有完成预定目标，项目单位必须向财政部做出解释和说明，若缺乏足够的理由，将影响从财政部得到的拨款。

本文摘自《文明演化与政策秩序》　2008年6月出版　经济科学出版社

排他性和搭便车

回到经济学最初的假设条件约束，资源稀缺约束和立于此基础之上的边际收益递减。公共服务相对于公共的需求呈现稀缺，每一个公共品的消费者将试图获取尽可能多的公共资源，高效解决稀缺和边际递减约束的公共产品分配。除非设定:享用公共产品的成本是如此之高，以至于必须通过利益等同的交换收回公共品投资，否则维护该项公共支出所产生资产的沉淀最终被消耗。事实上，创设提供和维护公共产品的激励主动性通常不会自现。公共品补偿机制的结果是集体选择和无效率。

公共支出水平无法衡量政策序列中选择类的指标，支出被具体化为操作层面的可度量标准缺乏可靠的依据。其一，价格生成机制允许了广泛地域与不同时点上的政府支出组合，关联公共品的组合。其二，公共部门无法承诺效率的普遍适用，因而无法承诺公共品效率的普遍存在。这正是一项公共支出饱受批评的外在原因。公共服务的评估和分配活动差异显而易见，即使同一基层的政府部门之间亦不能忽略差异存在。公共部门的上级与下级(或公共部门的代理机构)在比较公共产品的规模问题上，故意夸大数量上的界限，以期引起公共品消费者的关注。

对于公共品的消费者而言，混淆公共品的提供边界只是强调了公共品的非排他属性。还原到自己的税收，在扩大公共品规模和解决使用拥挤的问题上，变得不那么重要了。对于新增加的使用者，至于公共部门还是私人部门提供该公共品，只能是更加细微的差异，只有在危机面前(或是西方国家的竞选)，他们方注意先前所认同的无差别问题。凡此种种，搭便车行为仍然是人类使用公共品的一种存在。

本文摘自《文明演化与政策秩序》 2008年6月出版 经济科学出版社

笼中之虎还是驯兽师：《稳定与增长公约》的权力集中和约束

　　尽管1992年6月的丹麦全民公决否决了《马斯特里赫特条约》，尽管该条约获得全体欧盟成员国表决通过时困难重重，但是敲响1999年1月1日零点的钟声时，欧盟11国启动了联盟单一货币:欧元。此前不久，思想家还在喟叹主权国家共用一种货币绝难成功，多国货币体系融为一体异想天开。如果说这是欧盟一体化经济政策的开始，1997年6月达成的《稳定与增长公约》(Stability&GrowthPact)则从财政政策的层面重申了集中化(集权)的经济政策策略。该公约通过一种"双轨策略"(Twin-TrackStrategy)的制度安排，期望实现财政制度和政策的相对集中。策略一要求成员国的政府财政预算赤字不超过国内生产总值3%的最大限度，以完成盟内防御性的预警体系。显而易见，这个策略是为了使欧盟统一的经济政策不至于因成员国的不协同而失效，比如因一国生成过高的财政赤字后果，通过通货膨胀的对外输出而使成员国蒙受损失。策略二更为果断地要求成员国必须在发生过高赤字的情况下断然采取措施降低这一指标，求得预算平衡。然而不排除联盟内的制裁手段。

尽管策略一限定3%警戒线让东欧和南欧的一些盟国觉得受限和局促，但对于德国来说，3%的约束太宽松了，他们更愿意选择1%的集中化约束，只有这样，才与他们一贯严谨的做事风格相符。我们讨论集中化策略带给成员国自由裁量权的影响。当成员国享受经济增长周期带来的愉快时，《稳定与增长公约》将形同虚设，与此相悖，《公约》不限定成员国执行紧的财政政策，如果经济进一步过热，货币政策会接受苛刻的评论。盈余的财政收入可以被成员国广泛的用于改善公共福利。凯恩斯主义的信奉者坚信，《公约》集权了成员国政府反萧条周期的财政政策。意味着原本被各国政府执行的权力，不能因为个别国家的危机而增加公共融资的数额，即使是明确预测到扩张性财政政策的效果和直面国内的批评。还意味着政府改善公共福利的最大努力受到制约。策略二的限定加剧了一国公共融资的困难。紧缩的财政政策很有可能减少当任的威信而使潜在的竞争者处于更加有利的位置。在既有的策略集合当中，当经济扩张的规模受到最大化的赤字高压时，调整财政支出结构成为政治家们共同的选择。

　　本文摘自《文明演化与政策秩序》　2008年6月出版　经济科学出版社

公共产品的属性崇尚权威规则

　　公共产品的属性取决于其产生过程的制度安排。公共产品属性最早产生于这样一种现实，一系列外部世界关于如何影响公共资源的组织、策略产出、信息结果之行动集合。这其实也是考查规则状态之下的世界状态，关于公众的制度安排要求公共产品呈现出一种怎样的属性。不考虑其机制和过程，公共部门并不总是像论坛一样尽情地倾听讲演者的观点，而是通过下棋(博弈)确立权威规则，通过该规则向社会输出公共产品。公共产品的自然属性，亦为公共产品作为产出品所赋予的产出品的属性不构成重要因素。如果考虑部分公共部门的运作规则，公共产品的社会属性的相对重要性溢增，然而溢增的变化在行动所及范围内波动程度较大。

　　如果彰显民意的规则是通过投票来显示的，对投票规则的界定和约束胜过任何的公共产品自然属性。当公共产品产生的利益难以排除受益人时(无论受益人群体的成员是否真实地为供给该项公共物品做出过贡献)，一切产出的自然属性更加苍白无力。确认运作规则是公共产品的第一步，然而公共产品的社会属性可以是构成规则体系的最小结构的单元，也可以是最为宏观的国家层面的宪政。确立这样一种信念：在公共产品集体行动的舞台上，规则制定者的权威最为重要。相对于规则制定者的权威，投票者的权威优势弱小。

本文摘自《文明演化与政策秩序》 2008年6月出版 经济科学出版社

现代政府之职能

如果勾画一下现代政府职能的路径演化图就会发现，现代社会的政府职能随人类社会发展而发生了较大变迁，这一演化规律由现代化和市场化进程决定。现代化发展和市场化启动的时期阶段，需要大量的初始化资源准备。生产技术的约束限制了资源总量的迅速扩张，这种情形之下，政府集中并支配社会资源成为可能，这时政府职能以社会管理为中心，并迅速膨胀；后现代化完成和随着市场化在经济总量中达到饱和程度，社会财富大幅增长，可供分配的社会资源总量也在增加，政府职能不再把集中社会资源作为其主旨，而政府职能由管理日益转变为社会服务和社会稳定。由于现代社会的技术创新和制度创新以爆发式出现，在服务职能和社会稳定职能大为增加的同时，政府不得不持续扩大其管理职能，这使得现代意义上的政府仍然保持了较大规模。

后现代社会的规律之旅使我国政府职能陷入两难困境。20世纪末的最后几年中，社会各界的呼吁声音显然反映了政府职能面临的实际状况。由于现代化尚未完成，市场化程度还未达到饱和程度，资源的紧约束使政府管理职能仍处在一个加强的过程中。"财政为庶政之母"，对政府职能的探讨最终要回归于财政职能的定位。公共性融资和公共支出的范围天然形成一道市场与政府职能的藩篱，政府以可汲取的财政收入和可波及的财政支出实施对市场领域的影响。与民主决策程序、人们的认知能力和接受程度相关，财政职能的基本理念在其发展过程中逐步变化。即使持自由主义观点和持政府干预主义观点的偏好不同，但在财政职能纠正市场失灵的观点上并无不同之处。20世纪70年代开始，人们开始重新审视政府的职能作用，市场经济国家掀起了一股改革政府的浪潮，财政职能也经历了深刻而巨大的变化，资源配置、收入分配和稳定经济逐渐构成主流的财政职能论。过去的十年中，财政所经历的最深刻的变化是财政思想的变化，财政职能变迁的内在要求被贯穿其中，而财政制度的安排恰恰体现了财政思想和职能的外在形式。

本文摘自《文明演化与政策秩序》　2008年6月出版　经济科学出版社

争论的结束

　　中国的经济学家们如今已经没有人在为中国是否引入公共财政理念和公共财政的确切涵义而争执不休了，然而就在大约七八年前，公共财政曾在理论界引起了轩然大波。只要检录彼时的文献，就能看到一个在经济学说史上已经普及了近一个世纪的理论成果，花费了七年的时间来争论该理论中国化的问题。争论核心问题之一就是中国的财政改革是否要走公共财政之路。虽然现在看来像烈子所述两小儿辩日似的寓言，仍然对当今中国的财政理论体系(从治学方法到学术制度)影响重大。可喜的变化是如今从经济学专业的大学新生，到证券公司炒股的老太太，均对公共财政略知一二。可见如雷峰塔一般压制经济学说发展的，恰是我们僵化的思维。

　　世纪之交的2000年，前国务院副总理李岚清在省部级主要领导干部财税专题研讨班上的讲话结束了这场旷日持久、了无意义的争论。他明确提出，"作为政府职能的财政不能再大包大揽。……加快建立与我国国情、历史及市场发育程度相适应的公共财政，为社会主义市场经济体制的建立和完善提供应有的公共服务和必要的保障。"

本文摘自《文明演化与政策秩序》 2008年6月出版 经济科学出版社

以国家兴盛为已任

21世纪的前二十年，我国面临难得的历史性机遇。

从国际环境看，冷战结束以来，世界发生了转折性的变化。国际政治经济和国际关系都处在大变动、大重组之中。一是经济全球化的发展、世界性经济结构的调整和世界范围的科技进步已成为不可阻挡的趋势，经济全球化和世界性经济结构调整，有利于实现我国产业结构的调整，加速实现产业升级；有利于我们引进外国先进技术和管理经验，进行科技创新和体制创新。二是世界范围内科技进步突飞猛进，为我们发挥后发优势，在技术跨越的基础上实现经济的跨越式发展提供了现实可能性。三是世界经济长周期新高涨预期而至。每一个世界经济发展周期都是由一次新技术革命的演变所决定的。依照当前新技术革命蓬勃展开的情况，21世纪前1/4的时间里，将会出现一个世界经济长周期的新高涨。这将给中国经济的发展带来有利的时机。四是世界要和平、国家要发展、社会要进步是时代的潮流。尽管世界多极化和经济全球化趋势在曲折中发展，国际力量对比出现严重失衡，非传统领域的不安定因素在增多，我们面临的国际环境正在发生着新的变化，但和平与发展的世界主题，总体和平、局部战争，总体缓和、局部紧张，总体稳定、局部动荡的国际形势短期内不会出现大的变化，这就完全有可能在客观上继续为我国的现代化建设提供一个有利的国际和平环境。

从国内环境看，当前我国经济社会发展存在诸多有利因素：一是政治局面稳定和谐。我国建设中国特色社会主义的基本经验已有了相当的积累，这对在新世纪继续推进我国社会主义现代化建设，实现民族的伟大复兴奠定了坚实的理论基础和实践基础。二是经济基础条件更加坚实。经过二十多年的改革开放和发展，中国经济增长的供给"瓶颈"已基本消除，供求关系发生了重大变化，告别了"短缺"时代，买方市场初步形成，我国的经济实力已居世界第二位，广大人民群众的生活水平大幅度提高，综合国力显著增强。虽然我们仍将长期处于社会主义初级阶段，要根本改变中国在全球竞争大格局中的相对弱势地位还要付出艰苦的努力，但我们毕竟为实现第三步战略目标，为中华民族的腾飞，奠定了前所未有的物质基础。三是良好的体制条件已初步建立。随着改革的不断深入我国已初步建立了社会主义市场经济框架，这一体制的不断完善、定型，使我们的经济发展有了更稳定的体制保障；与此相适应，政治体制和文化体制的改革也在不断稳步推进，这将为进入小康社会后社会主义体制改革进入全局性攻坚和系统性体制创建的发展创造良好的体制环境。四是经济发展方式转变增添了许多外在的推动力量。加入世界贸易组织以来，我国国际贸易环境进一步改善，在国际经济秩序建设当中的发言权、话语权和影响力不断增加，这一方面使得我国经济社会拥有更为稳定的贸易环境；另一方面，作为对全球经济社会事务具有重要影响的发展中大国，也需要承担更多的责任。未来我国将在更大范围和更大程度上参与经济全球化，扩大对外经济交流，更多地利用外国资源，这使得我国经济发展方式转变、经济事务的民主化管理，将面临更多的外部强制推动力量，促使我国加快和深化改革，从根本上改变我们管理经济的方式，为生产力的发展克服体制性障碍。五是走中国特色社会主义道路日益成为全国人民的共识。改革开放带来的巨大变化，使人民群众从世界社会主义低潮中看到了前途和希望，越来越多的人认识到走中国特色社会主义道路是中国的唯一选择，更加坚定了只有社会主义能够救中国，只有社会主义能够发展中国的信念，坚定了继续沿着有中国特色社会主义道路前进的决心和信心。这就使中国的进一步发展有了精神支柱，能够使亿万人民新的创造活力进一步发挥出来，更加自觉地团结在中国特色社会主义的伟大旗帜下。

　　本文发表于《人民网》　摘自《21世纪前十年的中国经济政策》自序　2011年4月19日

美元本位主义

在美元本位的货币体系下，货币间的汇率水平实际上操纵在美国手中，并不存在真正意义上的均衡汇率。美国巨额的财政赤字是通过发行国债来填补的。由于美国国内储蓄不足，国民储蓄率由1980年的19.7%下降到2005年的13.9%，在主要发达国家中一直是最低的。美国政府发行的国债越来越依靠国外资金购买，从2000年到2007年年末，尽管外国持有美国国债的金额越来越大，但与一般国家对外举债按外币计价不同，美国国债是以美元计价的，只要国外购买达不到预定的数额（也就是仍然不能弥补国内储蓄不足的缺口），美国政府就可以用印票子的办法来解决。2009年3月18日，美联储宣布最多将收购3000亿美元的长期国债，并把收购抵押贷款债券的规模增加一倍。3月21日，美联储主席伯南克又宣布美联储已做出了收购1．15万亿美元国债和抵押贷款债券的决定，"旨在改善个人信贷市场的状况"。这意味着美国公开宣布其"无限供给美元的能力"。近期6000亿美元指标的第二轮量化宽松货币政策，再次证明，印钞越多越贬值。

从放纵双赤字增大的现实看，美国最担心的其实并不是日渐增大的贸易赤字和对外债务，而是担心美元衰落的趋势。只要美元继续保持国际基轴货币的地位，不管美国有多少巨额的贸易赤字与对外债务，都可以用其国内流通的美元来支付，如果因此而出现国内流动性不足，则可以开动美元印钞机来增加货币供给。美国相信，只要国债有稳定且较高的收益率，给世界各国所持美元提供安全而有利的收益，对外支付所流出的美元的相当一部分还会流回美国。这样既弥补了财政赤字，刺激了国内经济，又使世界各国与美国"同舟共济"，缓解了美元贬值的压力。真正符合美国国家利益的不是美元贬值或升值，而是美元国际基轴货币地位的稳定。至于美国压迫日元、德国马克以及人民币升值，则不过是利用各国担心货币升值的心理而玩弄的一种手段，以此转移视线，让世界接受美元印钞过度的现实。

2000年以来，全球GDP的增幅为2%～5%，而以美元为代表的全球基础货币的增长率则高达10%～25%。美国为了缓解国内经济矛盾，凭借其世界第一经济大国和国际储备货币发行国的地位，长期投放超额的美元供给。过剩美元通过各种渠道流入包括中国在内的许多国家，引起了国际外汇市场上的美元贬值。2008年，美国经济增长放缓、失业率上升，国际汇市上美元一再走低，美元对欧元、英镑等世界主要货币的汇价都创下近年来的新低。美元整体走弱也在我国外汇市场上得到体现。我国汇率机制改革后，盯住"一篮子货币"形成的人民币汇率与美元在国际汇市上的总体表现直接相关，美元走势几乎决定了人民币汇率的短期走势，尤其是从2007年年底到2008年中期，美元贸易加权汇率贬值10%，相对应的中国进口价格上涨15%，人民币和美元的走势呈现出明显的"跷跷板"效应。人民币汇率压力来自于美元本位下美国向外输出美元，而不是人民币本身被低估。

本文发表于《中国经济时报》 2011年10月17日

贸易顺差潜伏的结构

1994年以来，中国经常项目一直保持着大量顺差。金融危机后我国出口贸易逐步回升，2010年1～2月我国出口回升31%，有些国家开始以贸易顺差为由热炒人民币升值。

以我们最大的顺差来源国美国为例分析中国贸易顺差产生的原因，会发现把贸易顺差问题当做人民币升值的理由，是毫无道理和意义的。

第一，制造业大量向中国转移，导致了美国对华的贸易出现了比较大的逆差。总体上看，在中国贸易构成中，加工贸易额占贸易总额的比重超过50%，外商投资企业贸易额占贸易总额的比重是58.5%。外商在中国直接投资(FDI)保持了大约每年五六百亿美元的流入规模。加工贸易本身就意味着顺差，因为进来的产品通过在中国加工以后再出去，必然是出口的价值高于进口的价值。在这个过程中，留在中国本土的仅仅是有限的"加工费"，就是低廉的人员工资，而大多数利润都是跨国公司赚取的。深入分析中国进出口贸易的主体结构，无论是进口还是出口，外资企业在中国贸易主体中的比重都呈现逐年上升趋势。自2001年起，外资企业占比一直超过50%，只在2007年、2008年世界经济形势不利的情况下比重才有所下降。

根据BEC分类标准，当前世界贸易中贸易商品结构以中间品为主成为一条明显的规律。根据联合国的统计数据，2005年世界贸易中中间品贸易占63%。在这一规律下，不同国家各自的贸易商品结构特征却不尽相同。对比2007年中、美两国的具体商品结构后发现，美国进出口中间品比重大体相当，占其进出口总额的一半左右，略低于世界平均水平;中国的中间品进出口显示了不同的趋势，中国进口77%的中间品，却仅出口42%的中间品。与美国相比，中国出口了更多比重的消费品。这一数据是典型的东亚贸易模式的集中体现。东亚各国地区 向中国输入大量中间品，在中国加工制造后出口，这种模式在使得"中国制造"遍布全球的同时，也使中国逐渐演变为"东亚贸易模式"与"美国贸易模式"的冲突焦点。大量的加工贸易使得东亚各国地区逐年向中国转移其对美国的贸易顺差，使得中国对美国的贸易顺差激增，成为人民币升值的借口。

以"轮胎特保案"为例，表面上是限制中国产品的出口，本质上中国出口美国的产品中约80%的轮胎是产自美资企业。作为区域内贸易的最大承载国，东亚一些国家对美贸易顺差随着该国企业对华投资转移到了中国。同样，美国跨国公司的贸易转移，也带来了大量的贸易逆差。显而易见，资源和环境、劳动力、法律和其他社会成本的硬约束，使国际产业分工的转移成为必然，产业转移导致贸易顺差转移。

第二，中美贸易还有个结构性问题。中国出口产品大多属中低端产品，而美国出口的多为高端产品。美国众多跨国公司在中国低成本生产劳动密集型产品并销往世界各地，而美国本土则以生产技术密集型产品为主。即使两国进行产业内贸易，由于中国出口的多是低端产品(如轮胎特保案中中国出口美国的产品是美国轮胎市场中的低端产品，如果企业在美国生产，几乎无利可图)，表面看起来是竞争性，实质上还是互补。美国国际贸易市场份额对中国的影响越小，越容易提高人民币升值压力程度;国际产业分工形式越接近于垂直分工(贸易互补性强)，人民币升值压力不平等程度越大。

2002年以来，美元对欧元等货币都出现了显著贬值，但巨额贸易赤字仍然没有得到缓解，因此美国希望减少其经常项目逆差。解决思路之一就是美元贬值或其他国家货币升值，让其他国家一起分担美国经常项目逆差。作为美国最大的贸易顺差国，中国受到极大的升值压力。要求人民币升值，暗含这样一招后手：美国认为人民币升值将会带动亚洲其他新兴经济体一起升值。如果中国不允许人民币大幅升值，其他亚洲经济体由于担心丧失竞争力而不会升值。相反，如果亚洲经济体同时升值(中国的升值幅度要大些)，彼此之间的竞争力仍可大体制衡，但美国预期自己获益。我们可以得出这样的结论，只要经常项目赤字没有下降到美国认为的"正常"水平，人民币都将面临升值压力。这种升值压力与人民币是否存在低估没有必然联系。

本文发表于《中国经济时报》 2011年10月20日

较低国内利率水平转化为汇率压力

自2005年起，中国经济进入了快速增长周期，伴随而来的是投资过热、流动性过剩以及国际资本的涌入，通货膨胀重新抬头。

中国货币政策导向开始向紧缩性方向转变，2006年～2007年9月中国人民银行开始连续6次以27个基点为单位上调利率，直至2007年9月15日的3.87%。与此同时，美国也处于加息周期，自2005年8月9日开始美联储连续8次以25个基点为单位上调利率，调至2006年6月29日的5.25%。2007年受次贷危机的影响，美国于同年9月开始进入降息通道，至2008年10月8日已连续降息8次，降至1.50%。而同期，中国却处于资产价格过热和通胀的担忧中，随着CPI的上升，人民币基准利率也在上升，到2007年年底上调至4.14%。两国利率此升彼降，中国对美国利差逐步由负转正，2008年1月22日首次出现了正利差现象。随着美国利率持续下调，正利差进一步增大，至2008年10月29日利差额扩大到2.87个百分点。国际资本进入中国不仅可以享受升值的收益，还可以获取两国利息差的收益，也就是"汇差＋利差"。

2002年以来，国内1年期存款利率与通货膨胀率大体维持持平的水平，如果扣除利息所得税，真实利率水平低于通货膨胀率，也就是说，我国长期处于实际负利率的经济环境。负利率水平的经济效应相当于征税，引发了国内房地产市场价格飙升和证券市场投资波动幅度增大。房地产市场、证券市场和其他一些流动性较好的高增长市场，吸引了更多外资流入中国。

在流入国内的外国直接投资（FDI）中，相当一部分以权益基金的形式投向投资收益率较高的行业（根据我们的研究估算，这部分资金的比例约占外国直接投资的20%）。持续和规模增长的资本项目顺差，反过来进一步强化了市场对于人民币升值的预期，形成一个"循环冲击"。显而易见，如果国内的利率水平持续低于通货膨胀，结果只能使过多的国内货币流动推高房地产、证券市场价格，导致更大的资本项目顺差。国内对提高利率采取保守态度的实质是担心给商业银行和国家外汇储备带来损失，而这一负担最终由国家财政所承担。较低的国内利率水平转化将为人民币升值压力，我们应该非常清醒地认识到这一点。

本文发表于《中国经济时报》　2011年10月31日

人民币国际化是解决汇率问题的根本途径

如果贸易顺差和外汇储备持续增加，有什么办法可以消除对人民币升值的预期，从而保持人民币汇率稳定呢？从长期看，在不改变美元本位的前提下，人民币国际化是解决汇率问题的根本途径。从国际经济环境分析，东亚国家正在像从前的欧元区国家那样寻找一个统一的"货币锚"。类似德国马克在欧元区中所起的作用，中国的经济发展和外汇储备事实上使人民币发挥了"货币锚"的作用，亚洲金融危机期间已经得到证明。从可操作的技术层面分析，大量流入中国的外汇（美元）可以通过向境外发行人民币而不对中国的内部经济造成冲击，特别是由过多外汇流入所导致的通货膨胀冲击。当逐渐在东亚地区形成一种以中国的外汇储备为担保的地区贸易结算体系时，既可避免由外部汇率波动造成对东亚地区经济的冲击，又可避免欧元区的高额成本。

具体可以分三步走：

第一步，随着中国经济持续快速增长和人民币汇率保持稳定，中国周边国家和地区的居民逐渐认可和接受人民币作为国际货币。我国已经开启了自觉推动的人民币国际化的进程，具体措施包括与周边8个国家签订自主选择双边货币结算协议；与韩国、马来西亚、阿根廷等6个国家或地区签订货币互换协议；央行设立汇率司，专司人民币国际化与离岸市场发展工作；正式启动跨境贸易人民币结算试点。上述各项措施中，跨境贸易人民币结算是最具影响力的实质性举措。但是，在一定时期内持续存在的情况下，要想扩大跨境贸易人民币结算规模，就必须首先解决两个问题激发外国出口商接受人民币的意愿；解决外国进口商的人民币来源问题。上述两个问题都需要通过推动人民币离岸金融市场快速发展来解决。从这个意义上说，发展人民币离岸市场是推进跨境贸易人民币结算的关键，从而也是推进人民币国际化的关键，跨境贸易人民币结算必须与发展人民币离岸金融市场协同推进。

第二步，通过与相关国家政府间的合作，从贸易和金融两种渠道推动人民币的亚洲化。在贸易方面，创建自由贸易区。鼓励自由贸易区内成员将人民币作为外汇储备货币，创建亚洲人民币债券市场。在金融方面，我国应积极主导创建亚洲货币体系、亚洲货币基金、亚洲货币单位和亚洲汇率机制，使人民币分步骤地替代货币区内其他国家（地区）的货币。

第三步，成为主要国际货币。那时中国的发展模式和相应的人民币汇率政策，将对新兴转型经济体乃至全球经济发展有深远影响，这是一个长期的过程。

本文发表于《中国经济时报》　2011年11月2日

人民币国际化的历史性任务

欧美债务危机标志着全球经济进入金融动荡常态化和国际经济游戏规则重整时期。我们正面临国际经济治理中新而锐的任务。任务之一是寻求国际货币体系的锚。旧有的全球金融产品锚效应开始逐渐淡化，我们所寻找的国际货币体系新锚，至少现在还没有完全显露出来。任务之二是这种步入过渡性的国际货币体系已经进入加速重构期。在人民币崛起、欧元危机、美元走弱所交织的复杂货币关系中，不可避免的产生矛盾与冲突，汇率大幅震荡成为进入这个阶段的突出特征。货币政策协调愈加困难。任务之三是经济动荡在全球化传导过程中所释放的政治危机、社会危机反作用于经济社会，国家（地区）的社会治理面临不稳固的局面。任务之四是老龄化的问题将带来全球经济结构的深刻调整，传统福利体系在老龄化浪潮中间进行重组。

这是人民币国际化的历史任务。

可以预见，美国长期主权信用评级的下调，带来美元走势的继续疲软。人民币继续面临升值压力，而中国企业未来几年将长期应对外需疲软、汇率升值、国际贸易摩擦不断增加的外部环境。最为重要的影响是美元贬值。实质的效果是导致以美元计价的大宗商品价格持续上涨，中国时刻都会感受到输入性通胀的压力。美元是全球最主要贸易结算货币，如果美元持续走弱，新的全球经济治理机制最终选择人民币将是历史必然。随着人民币安全地位上升，人民币资产将继续上升为最具投资潜力的资产领域，"热钱"加速涌向境内，加剧资本的大进大出。

在这新近构成的图景中，我们有三个判断。判断之一，主权债务危机是次贷危机的延续。2007年次贷危机之后，主要货币储备国发债、印钞，为肇事金融机构埋单，就是通过救援把债务从金融机构转移到政府。危机远未过去。全球主权债务危机的影响，我们实不能小觑。判断之二，中长期通胀将成常态。在新一轮全球债务危机下，在主要经济体的宽松货币政策下，中国的经济很难独善其身，在一个比较长的时间里，通胀成为一种常态。关键是我们如何应对：理顺社会分配、进一步释放市场能力引领产业升级。判断之三，人民币升值的节奏至关重要。从贸易和加工为主导的低成本优势向产业优势进而金融优势转化是大国经济崛起的必经历程。关键是要掌握好本币升值的节奏，增进国家、企业和居民福利，保持内外部经济的平衡发展。

本文发表于《人民网》　摘自《人民币汇率怎么了》后记
2012年1月13日

能够实现"反补贴货币干预"吗

美国学界历来不缺乏出主意"损人利己"的人，为保持美元的优势货币地位，各种"主义"、"模型"层出不穷。美国历次主动货币干预行为，清晰地表明维护美元霸权的决心。至于美中学界的急先锋，且请看下例。

2010年9月16日，在美国国会参院银行、住房和城市事务委员会关于国际经济和汇率政策报告听证会提交的书面证辞上，彼德森国际经济研究所所长伯格斯滕提出了针对人民币汇率进行"反补贴货币干预"的建议。主要内容是美国政府应该实施一项"反补贴货币干预"新战略，通过对冲购买人民币来应对中国购买美元以干预人民币汇率的做法。美国应该以美元购买人民币进行反向操作。因为人民币不是完全可兑换货币，上述干预在技术上有一定的难度，但可寻找市场替代工具，如香港人民币无本金交割远期合约（英文缩写为NDF，是一种场外交易）和人民币计价债券。反补贴货币干预应主要权衡与反补贴关税政策效果的优劣。反补贴货币干预在解决操纵汇率问题上显然优于反补贴关税。货币低估，补贴了该国所有的出口商品与服务，并对所有的进口征收了额外的税负。反补贴关税，基于个案，只是针对该国的某些而不是全部的出口商品征收反补贴税。反补贴货币干预则是全局性的，反补贴效果更好。

事实上，现阶段无法对中国实施"反补贴货币干预"，因为人民币不能自由兑换和对资本流动的管制。所以伯格斯滕提议美国寻找替代资产，当前可考虑香港人民币无本金交割远期合约和人民币计价证券。

一般而言，无本金交割远期合约（NDF）主要用作套期保值。为满足境外企业规避人民币汇率风险的需求，1996年国际大银行在新加坡首次推出了NDF合约。目前中国香港和新加坡人民币NDF市场较为活跃。作为离岸市场，香港人民币NDF受中国金融监管当局的管制较小，境外实体进行NDF交易不存在法律障碍。

关于投资人民币计价证券，主要有两类投资主体参与。一是境外合格机构投资者（QFII）；二是人民银行新公布的三类机构。2010年8月17日，人民银行出台《关于境外人民币清算行等三类机构运用人民币投资银行间债券市场试点有关事宜的通知》（简称《通知》），允许境外央行或货币当局、港澳地区人民币清算行、境外跨境贸易人民币结算参加行等三类机构，以人民币投资境内银行间债券市场。《通知》规定，"经中国人民银行同意后，境外机构可在核准的额度内在银行间债券市场从事债券投资业务。""每家境外机构只能开立一个人民币特殊账户"。三类机构进入中国银行间债券市场一方面有额度限制，另一方面需要中国金融主管部门的审批，因此反补贴货币干预理论上可行，但实际操作的空间有限。

反补贴货币干预可能的基本操作途径目前主要有两种，一是通过投资香港人民币无本金交割远期合约影响人民币远期汇率，并通过远期汇率影响人民币即期汇率。该操作途径无需解决人民币资金来源，直接用美元交易，且不易受到监管机构的限制，操作便利。由银行充当中介机构，供求双方基于对汇率看法不同，签订NDF合约。到期时就双方约定的远期汇率与实际汇率差额以美元进行交割清算，无需对合约本金（人民币）进行交割。因不存在资本的跨境流动，NDF合约受到的管制较小。

由于NDF市场规模总体较小，且对人民币汇率普遍存在升值预期，很少有机构做空人民币。如果美国政府通过NDF市场持续做多人民币，可能会造成远期汇率升值。离岸市场的人民币远期汇率只是即期汇率的一个参考，并无实质决定作用，因而对即期汇率的影响并不直接。从在岸市场的远期和掉期市场交易量看，中国人民银行发布的二季度货币政策报告显示，2010年上半年人民币外汇掉期市场累计成交6306亿美元，人民币外汇远期市场累积成交54.9亿美元，八种"外币对"累计成交折合282亿美元。与在岸市场的即期外汇交易量相比，NDF市场的交易规模显然小得多。由于离岸市场与在岸市场的分隔，NDF合约形成的远期汇率虽对即期汇率有一定的引导作用，但无决定作用。从最近一段时间的实际情况看，反而是NDF远期汇率跟着在岸市场的即期汇率走，而不是相反。

二是通过购买人民币计价债券，影响人民币利率，并通过利率平价影响人民币汇率。因美国国际储备资产中没有人民币资产，上述操作途径首先要解决人民币可获得性问题。根据《通知》，"境外机构投资银行间债券市场的人民币资金应当为其依照有关规定开展央行货币合作、跨境贸易和投资人民币业务获得的人民币资金"。

当前美国货币当局没有获得人民币资金的直接渠道。一方面，中国人民银行未曾与美联储签订双边货币互换，美国政府不可能通过货币合作获得人民币资金。另一方面，从美国国际储备资产表看，美国政府也没有跨境贸易和投资人民币业务获得的人民币资金。

当然也不能完全排除美国政府通过复杂的金融工具获得人民币资金，但总体而言，可获得的人民币资金规模应非常有限，这将制约美国政府通过银行间债券市场影响人民币利率，进而影响人民币汇率的操作空间。即便可获得人民币资金，因为中国债券市场的深度、广度及弹性欠缺，利率形成渠道不畅通，购买债券很难对人民币利率产生较大影响，因而，通过利率平价使得人民币升值的可能性较小。

实际上，更应引起我们注意的是：一，要上升到国家战略的高度看汇率问题，国家越发展，越是有人惦记；二，在实现人民币国际化的伟大征程中，会有许多魑魅魍魉。

本文摘自《人民币汇率怎么了》

2011年11月出版 中国财政经济出版社

我国能源政策应从重商主义向重工主义转型

海洋油气开发、特别是深水油气勘探开发，对于保障国家能源安全具有重要的战略意义。《国家能源科技"十二五"规划（2011～2015）》指出，2020年能源科技发展目标之一也提出实现海洋深水勘探开发配套技术的工业化应用。

我国传统的能源战略是以陆地资源为主导，能源的重点商品政策选择了重煤轻油，以煤为主的能源体系，比煤炭更为清洁、燃烧值更高的石油天然气则成为次位能源。能源结构中，利用效率较低的煤炭比重达70％，比世界平均水平高出约40个百分点。随着经济社会的高速发展，能源消耗总量持续大幅增长，传统的粗放型经济发展形式正面临资源消耗的瓶颈，能源利用率低、污染严重等问题愈来愈严重。传统的能源发展方式难以支撑我国突飞猛进的现代化进程，未来的经济发展将更为依托清洁能源的开发利用。石油开发成为能源战略转型和国民经济发展的新航向。从重煤到重油,将是中国能源产业和能源观念的一场变革。近年来陆上可采石油储量日益减少,石油资源开发的重点由陆地向海洋转移,海洋石油开发日渐受到重视。我国海域面积达300万平方公里,海洋石油资源量为246亿吨,占全国石油资源量的23%,资源存量大,具有广阔的勘探开发前景。我国南海深水区有着丰富的油气资源,被国外专家称为世界四大海洋油气集聚区之一,也被称为第二个波斯湾,仅海洋石油一项价值即相当于近3万亿美元,可满足中国近百年的能源需要。近10年来,我国新增石油产量的53%来自海洋石油,目前我国海域油气产量已占全国油气总产量的1/4。同时,我国四大海域还在不断探明新的油气田。海洋石油勘探开发经过30年的发展,目前国内石油公司在渤海、黄海、东海和南海已开发建设80多个油气田。2010年中海油海上突破5000万吨,标志着我国成为世界海洋石油生产大国,同时也意味着中国海域已成为我国石油、天然气最重要、最现实的接替区。2012年"海洋石油981"平台开进南海深海,它的投入使用,对于我国进军深海海洋工程装备开发、提升深水作业能力、实现国家能源战略、维护国家权益等具有重要的战略意义,预示着我国深海油气开发即将大展宏图。海洋石油凝聚了海洋中国和能源中国的两大主题内涵，构成了当代中国海域主权与能源经济最大的交融枢纽。目前中国海域的石油资源七、八成在中国的主权管辖海域内，投入战略性开发并没有争议，即使我国南海与周边国家存在主权争议，在钓鱼岛、南海诸岛、苏岩礁等问题上，我们提出搁置争议，共同开发，先开拓后谈判。但目前深水油气勘探在我国刚刚起步，在设计、装备、工艺、技术以及专业队伍、高科技专利等各个方面，与世界海洋石油先进国家有一定差距。而周边国家对海洋油气的开发已具相当规模，因此，我们必须加快向深水进军的步伐，按照《公约》的精神，最大限度地使用竞赛性原则开发中国控制的海洋石油资源。

海洋石油开发的日渐成熟也预示着一种新的变革。目前，以陆地资源为主的能源观难以实现我国的能源独立，进而解决石油进口受困的局面，中国石油开采由陆地到海陆并重的转型是必然的趋势。解决我国石油新增需求的供应政策可以有中国海陆直接开采、政府海外定向议购、国际商业购买、中国企业海外开采跨国输送、天然气替代等多套体制模式。直接开采是重工主义，国际采购是重商主义，前者是在本国直接建立经济体系的油气资源空间，后者是在异地曲折投资或通过贸易建立中国经济体的不确定远距的油气资源体系。比较而言，在当今我国综合国力和政府投资能力日益增强的情势下，直接开采石油的方式，有助于我国实现能源自给，独立参与对全球石油市场的控制和管理，弱化国际油价动荡对国内经济增长的影响，从而建立战略性资源安全体系，进而对外实现石油储备的定价发言权，对内优化国内能源产业组合，扩大本土就业和增加税收，无疑是长远有益的举措。可见，我国未来的能源政策需要从目前重商主义的国际贸易采购进口石油转型为重工主义的加大海陆石油资源的直接开采以解决内需，实行中国石油基本独立的政策。

纵观全局，边污染、边消耗、边治理的以煤为主的能源体系社会治理成本高企，已经不再适应国民日益增长的生产力需求，以油气为主的能源体系已时不我待。世界上每一个大型的经济体系的出现都必然经历一次主导能源的转换，每一次能源产业的革命，也都会促进经济、社会、环境的协调发展。对于中国而论，海洋石油开发已经成为中国能源体系转型、国土资源利用、海洋权益保护、人民创富、科技创新、海港建设、大型装备制造业的时代突破主题。它的产业并发必然是以一种颠覆性、创造性的生产力革命的方式开行，海洋石油既要再造中国的能源需要，又要创造中国人的财富需要。

本文发表于《中国经济导报》　2012年9月29日

确保新形势下我国能源安全

十八大报告指出，大力推进生态文明建设。要全面促进资源节约。要节约集约利用资源，推动资源利用方式根本转变，加强全过程节约管理，大幅降低能源、水、土地消耗强度，提高利用效率和效益。推动能源生产和消费革命，支持节能低碳产业和新能源、可再生能源发展，确保国家能源安全。

我国是世界上能源生产和消费大国之一。到目前为止，中国的能源消耗已经达到世界总能源消耗的11.5%，中国已成为世界上仅次于美国、俄罗斯的第三大能源生产国和仅次于美国的第二大能源消费国。《中国的能源政策》白皮书称，近年来，中国能源对外依存度上升较快，特别是石油对外依存度从本世纪初的32%上升至目前的57%。国际能源市场价格波动增加了保障国内能源供应难度。中国能源储备规模较小，应急能力相对较弱，能源安全形势严峻。

我国拥有得天独厚的自然资源存储量，但是目前我国的能源系统还面临如下一些问题：第一，能源资源总量多，人均能源资源占有量，人均耗能及人均电力均远低于世界平均水平。我国占世界1/5的人口仅消费世界能源的1/9，人均耗能大约为世界平均水平的1/3。第二，能源资源、能源生产与经济布局不协调。我国80%的能源资源分布在西部和北部地区，而60%的能源消费在经济比较发达的东部和南部地区。第三，消费结构不合理，煤炭仍在中国能源消费存量中占据绝对主导地位（占能源总消耗的60%以上），发电效率远低于世界平均水平；石油消费比重总体表现为上升趋势，除此之外，其他能源利用很少，地热、太阳能、风能等清洁能源开发利用在总能源消费中不足1%。第四，能源利用率低、能耗高，能源浪费严重，环境污染严重。目前，中国能源消费的主要部分仍是第二产业，能源利用率低约为32%（美国高达50%以上），电力峰谷差日益增加，能源供应系统抗风险能力不足。据国家发改委称，目前每百万美元能耗，中国是世界平均水平的31倍，是经济合作发展组织国家和地区的43倍，是日本的9倍。第五，资源消耗的常规能源依赖导致环境污染严重。耗能的迅速增长与能源结构的不合理使我国面临严峻的环境压力，最直接的影响就是温室气体排放和臭氧层破坏。据估计，到2020年中国将成为世界上最大的温室气体排放国。

建设稳定、充足、经济的能源供应系统，确保国家能源安全。首先，从我国能源结构入手，抓住矛盾的主要方面，减少煤炭在能源结构中的比例，提高能源利用，优化国内能源产业组合，增加石油、天然气等清洁高效能源在未来中国能源消费结构中的比重，大力开发新能源和可再生能源，如太阳能、风能、地热、核能、水能等清洁能源。同时，要从能源资源和开发利用的实际情况出发，提高能源的利用效率，制定并实施有利于改善环境的技术经济政策。

其二，一定要提高我国的能源独立性。一方面，对内我们应当提高我国海洋资源开发能力，积极开发深水油气勘探技术，努力从目前重商主义的国际贸易采购进口石油转型为重工主义的直接开采海陆石油资源，提高我国能源自给能力，从而建立战略性能源安全体系。同时，要加快我国核能的建设和利用力度。另一方面，对外，我们应当建立稳定可靠的国外能源供应体系。逐步改变单一的石油进口策略，鼓励中国石油企业大力实施"走出去"战略，积极开展对外直接投资，充分利用国际石油资源，分散石油对外依存风险。同时，要通过外交努力，与主要产油国建立良好的政治与经济关系，比如加强与俄罗斯西伯利亚和远东、中亚里海地区的能源合作，早日建立起我国多方位的石油供应安全保障体系，这是保障国家能源安全的重要途径。

其三，应当加快能源方面的法律法规建设。我国在能源方面的立法尚显不足。根据国外的经验，我国应当致力于研究、制定涉及能源安全和发展战略的法律法规，加强能源立法，尽快制定出台我国的石油法、石油储备法等法律法规，并根据情况变化做出调整。

其四，坚定不移的落实节能减排政策，坚持科学发展，低碳发展，绿色发展。

本文发表于《中国能源报》　2013年1月9日

加快转变经济发展方式，推进财政改革与发展

学习研读十八大报告，深深地感到报告内容旗帜鲜明、高瞻远瞩、统揽大局、思想深刻、内涵丰富。特别感受到的是报告份量很重，亮点闪烁。比如，报告确立科学发展观是党的指导思想，强调既不走老路，也不走邪路；提出两个百年目标是夺取新胜利的两座里程碑，从五个方面阐述全面建成小康社会的目标要求；指出中国特色社会主义的"八个坚持"，两个"五位一体"构成党和国家的战略新格局。特别是用精炼的24个字分3个层面概括了社会主义核心价值观。这些亮点、这些创新、这些思想和观点，让人振奋。

两万字的报告，共包含12个大方面，每一个方面都引人关注。作为一个财政工作者，相对来说最关注的，还是第4个方

面，那就是加快完善社会主义市场经济体制和加快转变经济发展方式。

社会主义市场经济国家，财政政策和货币政策共同构筑了国家最重要的宏观调控基础。党的十七大以来，国家财政通过深化财政体制改革，中央政府的宏观调控能力不断增强，基层政府公共服务能力不断提高；通过加大公共服务领域投入，有力推动了公共服务体系建设；通过税收制度改革，促进了经济结构调整。在财政事业一茬一茬的接力、一段一段的给力、一代一代的努力下，财政为保持国民经济平稳较快发展提供了坚实基础，全国财政工作会议公布的数据显示，2012年，预计的全国公共财政收入规模达到11.9万亿。过去5年，中国年均国内生产总值增长10.5%，是同期世界经济平均增速的3倍多。

十八大给了我们明亮的眼睛看问题，我们清晰地看到，转变经济发展方式的新挑战：那就是国内经济增速放缓；经济发展仅仅依靠投资难以支撑；扩大内需的体制机制仍不健全；收入分配体制改革须攻坚克难；城镇化建设任重而道远。纵观全球，世界经济深陷危机之中，为摆脱主权债务危机，主要经济体纷纷祭出量化宽松货币政策，滞胀风险加码，失业率居高不下。至少到今天，经济复苏所最终依赖的增长和就业，仍然没有根本改观。新兴经济体同样也面临经济下行压力。

十八大报告提出，以经济建设为中心是兴国之要，发展是解决我国所有问题的关键。实现全面建成小康社会、进而全面实现社会主义现代化这样一个奋斗目标，必须加快转变经济发展方式。

改革不仅取决于时间和空间，更取决于改革思维的广度和精度。推进财政改革，首先要领会转变发展方式的四个观念。

第一，牢牢把握转变发展方式的总基调。当前中国经济正在经历两个转变，即从高速增长转为平稳增长，从规模扩张转为效益提高。转变发展方式的总基调，正是针对这两个转变提出的。因此，财政改革的重点，要实现由经济建设向民生和社会建设转变；财政政策的目标，也将由经济政策功能向社会服务功能转变。如何完善符合国情的基本公共服务体系是财政破解发展难题的关键。

第二，时时牢记转变发展方式的四大主题。即深化经济体制改革；实施创新驱动发展战略；推进经济结构战略性调整；推动城乡发展一体化；全面提高开放型经济水平。

第三，紧紧把握转变发展方式的主要抓手。加强经济结构调整是实现科学发展的最主要、最直接手段，结构调整主要着眼于改善投资消费结构、城乡二元经济结构、区域经济结构、收入分配结构和产业结构。

对于财政改革，目前紧要的任务是形成有利于扩大内需的财政体制机制，支持加快建设国家创新体系、提高企业创新能力。以区域发展总体战略和主体功能区规划为基础，进一步提高区域发展的协调性和基本公共服务均等化水平，增加对地方均衡性转移支付规模。优化资源配置，支持战略性新兴产业发展。推进要素价格形成机制改革、节能减排和生态保护。

第四，深深参透创新发展方式的新路径。今后10年，中国老龄化现象将进一步加快，人口红利优势将逐渐弱化。同时，资源环境红利也将受到更加严厉的约束。中国经济高速成长的背后，是对能源资源和劳动力的强大消耗。当前中国经济发展的现实告诉我们，城镇化已经成为中国经济增长的火车头。从21世纪的第2个10年开始，我们要从推进城镇化进程中拿红利。财政改革将紧紧围绕推进城镇化，进行重点布局，以推进城市的公共服务均等化和激励城市产业集群为两极，驱动城镇化进程。

用一句话归纳和概括财政改革支持加快转变经济发展方式的思路：

从公共服务体系建设中生息民力；

从财政体制改革中激发动力；

从收入分配结构调整中释放活力；

从城镇化进程中创造红利。

本文发表于财政部官方网站　2013年2月21日

人民币贬值预期到来了吗

已经习惯了"步步高升"的人民币汇率，近期再度成为新闻热点，原因却是贬值。自2011年11月30日起，人民币兑美元即期汇率连续出现跌停现象，扭转了市场对人民币升值趋势的看法，远期市场表现增加了人民币贬值预期。

人民币贬值预期真的已经到来了吗？人民币汇率是否真的低估了？欧美经济体要求人民币升值的实质是什么？2012年人民币汇率是升还是贬？

人人皆知，人民币汇率问题的核心是美元问题。我却想跳出美元谈谈人民币汇率。

首先，从贸易结构来看，中国补贴全球，美国首先受益。中美两国贸易问题主要是结构危机。中国一方面向美国出口实物，另一方面购买国债为美国融资，美国才是中美贸易失衡的最大赢家。大量廉价、优质的中国商品进入美国市场，使得美国消费者在保持原有福利水平的情况下节省大笔开支，不但提高了美国消费者的实际生活水平，而且提高了国内总有效供给，弥补了消费缺口，平抑了美国的通货膨胀。

而中国则以巨大的资源消耗和环境破坏为代价，仅换回很低的利润。中国商品流入美国，让美国具备了这样一种"形而上"的能力：集中发展技术密集型产业和污染少、收益高的服务业。其实，在中国成为世界工厂之前，美国的就业人口已经逐渐从制造业向金融、服务业转移。汽车工业曾经是美国制造业强大的象征，虽然如今技术开发能力依然不弱，但卖车挣得的利润远远不如其转而投向金融业所赚取的利润。如今，重返制造业的美国就业新政策能够扛下去多久？

其次，说利率。中国较低的国内利率水平形成了对汇率的压力。过去十年，中国的实际存款利率(存款利率减CPI同比增长率)无论与发达经济体比较还是与发展中主要经济体比较，均处于最低水平，这显然是释出过多流动性的驱动力之一。

由于长期压低利率，充裕的投资需求流向股市和房地产市场，被迫提高的投资收益率吸引了更多国际热钱涌入中国，造成的结果恰恰是抬高了汇率升值预期。

　　显然，长期的利率政策不应与当前的货币政策挂钩，我想说的是一个较长时期的经济现象：如果利率水平提高，重点在于调控投资，不会对汇率产生更大预期。当利率提高到一定程度，还可以降低国际投机者的预期，有利于形成稳健的远期汇率。所以利率政策重点是解决国内的投资过热和经济结构失衡；同时，为了避免投资与出口下降带来经济增长波动，应利用利率政策控制通货膨胀，引导货币政策预期。

　　值得警惕的是，长期为零或负的利率政策，一旦处于本币快速升值的环境中，将使国民经济迅速滑入严重通货紧缩的泥潭。到那个时刻，利率政策将失去效力。因此，为了保持货币政策的锋利，不能让负利率的锈迹长期侵蚀下去。

　　最后，工资水平与劳动生产率非协调增长，对助推人民币升值构成了实质性压力。中国的制造业劳动生产率迅速提高，但工资水平保持较低水平，这使得产品成本和价格依然低廉。低廉的价格和巨大的产量提高了我国制造业产品在国际市场上的竞争力，因此增加了我国对外贸易的顺差，助推人民币升值。

　　经常项目顺差不仅是一种劳动生产率现象，也是我国人口结构的一个客观体现。再过十年，中国将经历劳动者比重下降、老年化率上升的人口结构演变阶段，人口红利将消失，储蓄率会下降，经常项目顺差会减小。此前积累的贸易顺差，等同于储蓄资金。随着老龄化程度不断上升，我们需要动用这笔储蓄弥补产出缺口。因此，外汇储备已超出了弥补国际收支缺口的常规意义，具备了中国应对未来养老的战略价值。

本文发表于《英才》 2012年4期

债外说债　汇外说汇

对于世界经济来说，2012年无疑是用时间和勤劳来修补经济动荡的一年。欧债危机、美债危机、全球主权债务危机此起彼伏，愈演愈烈，而以中国为代表的新兴经济体，经济继续保持了高速增长。已经习惯了"步步高升"的人民币汇率再度成为热点：2011年11月30日，人民币兑美元即期汇率连续出现跌停，扭转了市场对人民币升值趋势的看法，远期市场的表现更是增加了人民币贬值预期。人民币贬值预期已经到来了吗？人民币汇率低估了吗？欧美经济体要求人民币升值的实质是什么？人民币汇率将走向何方？

在回答这些问题之前，我想要从债外说债。三年前，为应对国际金融风暴，美欧等经济体相继推出规模庞大的财政、货币刺激政策，美国连续两轮启动量化宽松货币政策，推出扭转操作，吸收短期流动性，释出长期货币供给。当前，刺激政策的后遗症正在持续显现。本质上看，应对2008年金融风暴的结果只是结构转移：对于美国来说，负债从金融部门转移到了政府部门；而对于欧洲来说，负债则正经历从政府部门向私人部门转移的过程，但是，债务始终没有消亡。只要我们认真看一看结果：

第一，刺激政策结束后主要经济体显露疲态，而全球通胀压力逐渐增大，滞胀风险正在加码，失业率居高不下。

第二，政治斗争造成决策缓慢，发达经济体为各自的国内政治利益不能互相团结，比如，美法两国的领导人为了大选，都在利用债务和公共支出向选民兜售自己的政策主张。

第三，经济政策的空间上，发达经济体普遍进行财政整顿，而货币政策几乎没有了空间。

至少到今天为止，我们看到的美欧经济政策，都是危机的应对策略，经济复苏最终依赖的增长和就业，仍然没有根本改观。而我们的国家，我们的人民，正在勤劳和勇敢地直面无度、贪欲和掠夺所造成的灾难，在所能表述的经济学词汇中，我们一次次成为发展不平衡的替罪羊。汇率成为挥霍者"再平衡"的工具，并将继续成为"再平衡"的借口。

当循着这样的思考迂回到世界经济的未来，就会首先清晰地看到全球流动性的本质。当前国际货币体系面临危机的根源在于国际储备货币体系的无力与孱弱，以及超量货币供给造成的贬值。贬值加剧了国际收支失衡、热钱涌动和通胀压力传导。我国经常项目和资本项目的双顺差所承受的国际货币体系压力，就像压力就在所难免阿克琉斯之踵，只要现阶段的超主权货币体系不能改观。

我们不得不超越一国经济环境的制约，上升到全球战略的高度看当前的汇率问题：国家越发展，越是有人惦记。在实现人民币国际化的伟大征程中，会面临国际经济治理的新任务。

任务之一，是寻求国际货币体系的锚，这也是世界经济体系中最紧要的任务。

任务之二，协调主要经济体的货币政策。人民币崛起、欧元危机、美元走弱所构成的复杂货币关系中，货币政策协调愈加困难、汇率大幅震荡成为进入这个阶段的突出特征。

任务之三，经济动荡在全球化传导过程中所释放的政治危机，成为发达经济体社会治理面临的新挑战。经济动荡正在藉全球化传导释放政治危机，"占领华尔街"只是开始，对资本主义发展模式的批判和反思将走向深入。

任务之四，传统福利体系在老龄化浪潮中间必须进行重组。我们不得不比往昔更加关注老龄化问题，21世纪的第二个十年到来之际，老龄化将在全球范围内展开，传统福利体系必须在这个新浪潮间进行重组。在欧洲，老龄化问题在经济结构的大盘子当中，犹同披萨饼上的peperoni，首先被债务危机吞噬了。

这些任务，也正是人民币国际化的历史背景。由此引申到汇外说汇。

我想跳出美元主要储备货币地位谈谈人民币汇率。我们可以结合以下三个方面来理解人民币汇率：第一是贸易结构，第二是利率，第三是工资水平与劳动力协同增长。

从贸易结构来看，中国以巨大的资源消耗和环境破坏为代价仅换回了很低的利润。贸易顺差为发达国家实现低通胀下的经济增长创造可能性。大量廉价、优质的中国商品进入发达国家市场，不但提高了消费者的实际生活水平，而且提高了国内总有效供给，弥补了消费缺口，平抑了通货膨胀。中国补贴全球，美国首先受益。中国商品流入美国，让美国具备了这样一种"形而上"的能力：集中发展技术密集型产业和污染少、收益高的服务业。就业人口从制造业向服务业转移在美国经历了三代人，这在中国成为世界工厂之前已然存在，绝大部分制造业就业机会的丧失，原因在于美国经济的变迁，通俗一点"鸟铳换炮"。重返制造业的美国就业新政策能够扛下去多久？汽车工业曾经是美国制造业强大的象征，如今技术开发能力依然不弱，但卖车挣得的利润远远不如其转而投向金融业所赚取的利润。

从利率水平来看，当前较低的国内利率水平形成了对汇率的压力。用过去十年的平均数据计算，中国的实际存款利率（存款利率减CPI同比增长率）无论与发达经济体比较还是与发展中主要经济体比较，均处于最低水平，这显然是释出过多流动性的驱动力之一。由于长期压低利率，充裕的投资需求流向股市和房地产市场，被迫提高的投资收益率吸引了更多国际热钱涌入中国，这个效应的结果恰恰是抬高了汇率升值预期。显然，长期的利率政策不应与当前的货币政策挂钩，我想说的是一个较长时期的经济现象。当利率提高到一定程度，还可以降低国际投机者的预期，有利于形成稳健的远期汇率。所以利率政策重点是解决国内的投资过热和经济结构失衡；同时，为了避免投资与出口下降带来经济增长波动，应利用利率政策控制通货膨胀，引导货币政策预期。值得我们警惕的是，长期为零或负的利率政策，一旦处于本币快速升值的环境中，将使国民经济迅速滑入严重通缩的泥潭，利率政策将失去效力。

工资水平与劳动生产率非协调增长对助推人民币升值构成了实质性压力。中国的制造业劳动生产率迅速提高但工资仍保持较低水平，这就使得产品成本和价格依然低廉。低廉的价格和巨大的产量提高了我国制造业产品在国际市场上的竞争力，因此增加了我国对外贸易的顺差，助推人民币升值。

经常项目顺差不仅是一种劳动生产率现象，也是我国人口结构的一个客观体现。再过十年，中国将经历劳动者减少、老年人口比重上升的阶段，"人口红利"将消失，储蓄率会下降，经常项目顺差会减小。通过"人口红利"期积累的贸易顺差，等同于储蓄资金。随着老龄化程度不断上升，我们需要动用这笔储蓄弥补产出缺口。因此外汇储备已超出了弥补国际收支缺口的常规意义，具备了中国应对未来养老的战略价值。随着时间的推移，"人口红利"消失之际，中国的储蓄率自然会下降。结论人尽皆知，经常项目和资本项目的持续"双顺差"，结果就是积累了大量外汇储备。

树欲静而风不止，中国经济想要在欧美等国一系列债务危机中独善其身几无可能。要化解这种压力，就要实现增长方式的转变，加快产业结构优化升级，大力培育战略性新兴产业，建立健全社会保障制度和社会福利体系。

　　最后我想说，欧美债务问题和人民币汇率问题是全球经济发展不平衡的问题，是国际经济体制和结构的问题，改革是战胜困难的唯一路径！

　　本文系在北京大学经济学院百年院庆"经济学博士、博士后论坛"的演讲节选　2012年5月5日

参考文献

1．中华人民共和国官方网站http://www.mof.gov.cn

2．财政部财政科学研究所官方网站http://www.crifs.org.cn

3．北京大学官方网站http://econ.pku.edu.cn

4．人民网http://www.people.com.cn

5．新华网http://www.xinhuanet.com

6．瞭望http://lw.xinhuanet.com

7．中国行政管理http://www.cpaj.com.cn

8．英才杂志http://www.talentsmag.com

9．资本市场http://www.capital-markets.cn

10．财政研究http://www.crifs.org.cn

11．人民日报http://paper.people.com.cn

12．经济日报http://paper.ce.cn

13．中国经济时报http://jjsb.cet.com.cn

14．中国经济导报http://www.ceh.com.cn

15. 经济参考报http://jjckb.xinhuanet.com

16. 中国财经报http://www.cfen.com.cn

17. 中国能源报http://paper.people.com.cn

跋

书中的文章，大都来自2000年～2013年间的经济学策论和小品文，依据发表的时间排序。我以为，策论和小品文要少些骄矜之气，这理论、那原理，让人看上去气馁，拒人千里之外。学术目的是澄清思想和逻辑，而不是使人怅然若失，魂魄全无。经济学策论和小品文向大众宣讲观点和要义，文风短促、精炼、幽默、有力量，提倡什么反对什么，观点鲜明，发人深思。这是论文难以企及的。经济学来源于哲学，是大众学科，而不是图腾，经济思维和行为构成了人类生活和生产活动的全部。经济学系经国济世之学问，若要众人一起拾柴，须先说明为何拾、怎样拾。策论尤其应如是。书斋里的博古架，摆放的玩意儿大都中看不中用。反复揣摩《反对党八股》，观点再清晰不过了。

36篇策论中，对中国和世界的经济状况进行了评价；对财政学基本原理和当代中国财政问题提出了看法；对国际货币体系和中国的货币政策建议了思路；对大家关心的中国经济问题如能源、农业进行了探讨。

感谢高晓璐编辑卓有成效的工作，感谢为本书做出贡献的朋友们。

作　者

2013年12月7日

责任编辑:高晓璐

图书在版编目(CIP)数据

经济良思录/徐霜北 著. -北京:人民出版社,2014.3
ISBN 978 - 7 - 01 - 013194 - 8

Ⅰ.①经… Ⅱ.①徐… Ⅲ.①财政政策-中国-
文集 Ⅳ.①F812.0 - 53

中国版本图书馆 CIP 数据核字(2014)第 029974 号

经济良思录
JINGJI LIANGSILU

徐霜北 著

人 民 出 版 社 出版发行
(100706 北京市东城区隆福寺街 99 号)

北京中科印刷有限公司印刷 新华书店经销

2014 年 3 月第 1 版 2014 年 3 月北京第 1 次印刷
开本:787 毫米×1092 毫米 1/32 印张:6.75
字数:100 千字

ISBN 978 - 7 - 01 - 013194 - 8 定价:28.00 元

邮购地址 100706 北京市东城区隆福寺街 99 号
人民东方图书销售中心 电话 (010)65250042 65289539